与其
夸夸其谈，
不如
静心聆听

[日] 阿川佐和子　著　　刘子璨　译

四川文艺出版社

聞く力 一心をひらく35のヒント

图书在版编目（CIP）数据

与其夸夸其谈，不如静心聆听 /（日）阿川佐和子著；
刘子璨译 . -- 成都：四川文艺出版社，2019.8
  ISBN 978-7-5411-5462-1

Ⅰ . ①与… Ⅱ . ①阿… ②刘… Ⅲ . ①人际关系–通
俗读物 Ⅳ . ① C912.11-49

中国版本图书馆 CIP 数据核字 (2019) 第 127072 号

著作权合同登记号 图进字：21-2019-270

KIKUCHIKARA by AGAWA Sawako
© 2012 AGAWA Sawako
All rights reserved.
Original Japanese edition published by Bungeishunju Ltd., Japan, in 2012.Chinese
(in simplified character only) translation rights in PRC reserved by Jiangsu Kuwei
Culture Development Co. Ltd., under the license granted by AGAWA
Japan arranged with Bungeishunju Ltd., Japan through Bardon-Chinese Media
Agency, Taiwan.

YUQI KUAKUAQITAN BURU JINGXINLINGTING

与其夸夸其谈，不如静心聆听

[日] 阿川佐和子 著

刘子璨 译

出 品 人	刘运东
特约监制	刘思懿
责任编辑	梁祖云　曹凌艳
特约策划	赵璧君
责任校对	汪 平
特约编辑	赵璧君　申惠妍
封面设计	蜀 黍

出版发行　四川文艺出版社（成都市槐树街2号）
网　　址　www.scwys.com
电　　话　028-86259287（发行部）　028-86259303（编辑部）
传　　真　028-86259306

邮购地址　成都市槐树街2号四川文艺出版社邮购部　610031
印　　刷　三河市海新印务有限公司
成品尺寸　145mm×210mm　　　开　本　32开
印　　张　7.75　　　　　　　　字　数　125千字
版　　次　2019年8月第一版　　印　次　2019年8月第一次印刷
书　　号　ISBN 978-7-5411-5462-1
定　　价　39.80元

目　录
CONTENTS

第二章 倾听的奥秘

第三章 能让人轻松开口的提问术

前言

　　说实话，究竟应不应该出版本书，事到如今我仍旧犹豫不决。出版方文春新书编辑部的向坊健先生给我戴了不少"高帽"，一不小心就走到了今天这一步。但现如今仔细一想，不禁迷惑究竟为什么会变成这样。

　　让我如此犹豫的最大缘由，是我并没有资格出版一部"新书"①。"新书"原本是怀有向大众传授知识、技术的热情的人，从学术角度编纂的书籍。而我并不属于这一范围。说得简单一点，我完全没有任何类似的出书热情。

---

① 新书：日本的一种出版物形式，一般以丛书形式出版，开本比B6略小，多为各领域的入门书籍或非虚构作品。

　　不仅如此，我的访谈连载虽然勉强得以维持，但采访的本领、技巧尚在摸索学习之中。1993 年 5 月，我开始在《周刊文春》①上连载访谈专栏《想要和那个人见面》，至今已连载超过九百期，按照年头来算，到今年春天已经是第二十年了。我自己虽然也感叹能够坚持这么久有许多不易，但如果有人问我："做了这么多年的访谈，访谈水平有没有提高？"我本人几乎没有任何的心得。本书正文当中也会提及，直到如今，在出门做采访之前我还是会提心吊胆、紧张万分。类似于"哎呀，不就是个采访吗？随随便便就能搞定啦"这样的从容，我是一点儿也没有的。

　　更何况，最近我还开始主持一档电视访谈节目，今后不仅我的文字，连我采访时的言行举止都要暴露在大家的面前。虽说如果感到不快，不接受这份工作就可以了，但正所谓"胆小鬼戴了高帽也敢上树"，人是有弱点的。总而言之，我正处于钻研采访技巧的过渡时期，在这种情况下出版什么"倾听的秘诀"之类的书籍，仿佛是打自己的脸一般。

---

① 《周刊文春》：出版社文艺春秋发行的周刊杂志，取材面涉及政治、经济、文化、娱乐等多方面，以报道官僚、政治家的献金丑闻、艺人丑闻、杀人事件等社会问题而著称。

"哎呀，阿川只做这么点儿准备就去采访呀。"

"嘿，阿川原来是这样伪装自己的无知、若无其事地提问的啊。"

"原来如此，阿川提问的方法原来只是权宜之计呀。"

我的秘密一旦被读者和采访对象知晓，很难不对今后的访谈工作产生影响。果然还是不应该写出来……

但是，换一个角度来想，这也是一个倾听自己心声的机会。

阿川啊阿川，你在害怕什么？没有人指望着你能写出什么学术巨著。大家也都明白，你还在访谈的领域中摸索前行。不过，读者如果能通过你那并不怎么高明的访谈经历，以及无数次的失败经验重新对"倾听"这种行为进行思考，并从中学会一点儿经验，不也已经足够了吗？

去年[①]3月11日，东日本大地震之后，我和许多非受灾者一样，在一段时间之内感到万分空虚，什么也做不下去。

我究竟能够做些什么呢？难道真的什么忙都帮不上吗？我因为自己的无能为力而感到焦虑、烦闷，甚至觉

---

① 指2011年。

得当时自己必须要完成的工作全都是毫无意义的。然而时间却还是一分一秒地流逝，我的生活也逐渐回到了原来的轨道。总之，我得赶紧把快要截稿的稿件完成，出门参加广播和电视节目，同时还要做好《周刊文春》的访谈连载。就这样，时间回到了去年五月，我和糸井重里先生相遇了。

糸井先生正在尝试新型媒体的创作，面对这次大地震，他有着怎样的感触？在他看来，日本人今后该如何生存下去？我为了获得启发而动身前往糸井事务所。在那里，糸井先生给我讲述了这样一个故事：

"我一直在心里自问自答。一方面觉得，虽然自己找不出前往灾区的理由，但是也必须要去；另一方面又觉得，毫无目的地前往灾区和旅游没什么区别。"

令我感到惊讶的是，地震发生后，糸井先生的内心也曾出现过徘徊不决。就在那时，他在网上结识了一名受灾的女性。

"我在推特上认识了一位二十二岁的姑娘。她在地震中经历了海啸，好不容易才逃出来。前阵子，我刚和她在这里见了面。"

糸井先生很坦诚地向她吐露了心声。他说自己虽然非常希望能够探望灾区，但是却不知道自己应该去哪里，

4

又能够做些什么。听完他的话,那位女性这样回答道:

"如果您要去灾区,有几个地方我希望您能去看看。"

其中之一是避难所。避难所里的灾民,希望能有人陪他们说说话。因为,哪怕他们向别人倾诉自己的房子被毁、无家可归,但因为周围的人都有着同样的遭遇,所以谁也不会因此而感到震惊。

即便是倾诉自己失去了家人,在地震中九死一生的经历,别人也不过是回应一句:"是吗?我还经历过更可怕的事情。"没有人会像家人一样耐心地倾听。

"所以,我希望您能去避难所陪大家聊聊天。哪怕您只是去看一看,大家就会明白自己并不是孤单的,就会明白自己并没有被社会遗忘。"她这样对糸井先生说。

此外,她还希望糸井先生能去"遗体安置所"及"墓地"看一看。前者是身份不明遗体的安置地,后者则被海啸淹没了。

"听了她的话,我心中涌起了一种想法:'我要去灾区!虽然不知道自己能做到什么,但是我要去!'"

听了糸井先生的讲述,我虽然没有在第一时间下决心"去灾区",却明白了"原来仅仅是'倾听'就能够帮助他人",胸中的郁结之情仿佛瞬间消散了。

再稍微跑一跑题,我大概从十年前开始,就在进行一项由农林水产省主办的名为"倾听记录甲子园"的工作。这个工作需要从全国上下选出一百名高中生，独自造访在山林中工作的百位行家中的一位，去"倾听、记录"，最终整理出一份报告。所谓在山里工作的行家，指的就是伐木工人、造林工人、烧炭工人、剪枝工人、香菇种植农等。行家的范围从前年开始扩大，从事河流、海洋相关工作的匠人们也被纳入访问对象之中。

那么，我在其中究竟扮演一个怎样的角色呢？

"请您向马上要去采访山中行家的高中生们，传授一些采访上的心得体会。"

我受到委托，要向学生们做一个简单的演讲。实际上，这项活动给学生们下达的指标还是颇为严苛的，说不定比我所从事的访谈工作还要困难。首先，他们要打电话联系素不相识的行家（几乎都是六十岁以上的老年人），并确定采访的日期。采访当天要搭乘电车转公交车，再独自一人前往森林深处。在见面后开口问好的那一瞬间，就要打开录音设备，开始采访。过程中不会有任何成年人为他们提供帮助。有时候，采访对象口音会很重，甚至让人听不懂他到底在说些什么。但即便如此，这些学生们依旧不会放弃，满怀真诚地去倾听人生及工作的宝贵经验。

采访结束，回到家里后，要整理采访录音（这是一项非常辛苦的工作，几乎每个学生都为此掉过眼泪），提取重点，将报告整理成行家们独自陈述的形式。

半年后，一百份作品收齐时，我再次和这些高中生们见面了。当时，我选出了几篇优秀作品，并将其中的采访对象及身为采访者的学生请到了舞台上，询问了他们在采访过程中的辛苦经历。

"感想如何呢？"

我把话筒转向整理报告的学生。

"一开始，行家带着我到森林里去的时候，我还在想这个老爷爷难道是猴子吗？居然仅凭着一根绳子，就能飞速爬上高高的树梢。"

学生用略带着愧的声音这样回答道。接着，行家开口了。

"哎呀，他说要来采访我，结果紧张得不行，啥也问不出来。我还替他担心，聊这聊那聊了半天，对吧？"

行家看向采访自己的高中生，眼神始终是那样的温柔，就像在注视着自己的亲孙子一样。

我看到之后，觉得很有意思。这个企划原本就是希望能够让高中生了解森林中那些愈加后继无人、逐渐绝迹的工作。至少，我是这样理解的。没想到，独自去采访的高中生们说："虽然很辛苦，但是也非常有趣。"年长的行家听完这番话，不禁面露喜悦之情。

"刚开始的时候，我还在想，这个高中学生跟我孙子差不多大，我也不知道该跟他说些什么，对他能有什么用。不过在见面之后，他问了我很多问题，心里不由得高兴起来。毕竟亲朋好友都对我的工作完全不感兴趣。我也从来没有讲自己的事情讲过这么久。"

事到如今，行家们已经放话："我才不需要什么继承人！这门手艺就绝在我手上吧！"话虽这么说，他们最后却对学生们道谢说："感谢你们愿意倾听我的声音。"看着这幅景象，我不禁落泪了。

"倾听"这个行为，哪怕不像我这样把它当作生计，是每个人在每一天当中多多少少都会发出的动作，就像呼吸一样，是自然而然的行为。问路、问价钱、听课、与人聊天、听人抱怨、听人吹牛、左耳朵进右耳朵出、听得兴致盎然、听得满面茫然……倾听的方法也是五花八门。哪怕在同一个场合听同样的故事，但在不同的人脑海中留下的内容可能是完全不同的。

"之前那个人是不是这么说的来着？"

"哎？是吗？我倒是对那句话印象比较深。"

"什么？我完全不记得这句话。"

　　究竟是哪一句话会被记录进大脑中，根据人的不同，是有着极大的差别的，我们往往会因此感到震惊。但这也正是"倾听"的迷人之处，因此人才会不断地去倾听。

　　同样的话题、新鲜的消息、可笑的故事、感人的事迹，倾听他人的故事，能让我们心潮澎湃。怀着单纯的好奇心，倾听别人诉说的事情，听者将自己的记忆、情感与之对应，一定能从中感受到某些东西。而倾诉者在诉说的过程中能够重新整理思绪，打开快被自己遗忘的抽屉，获得一些意想不到的发现。

　　"说起来，那个领导每次发言总会讲很长时间，平时我都是左耳朵进、右耳朵出地听，明天就稍微忍一忍，认真听一次吧。"或者是："奶奶每次回忆往事，我都是嘴上说着'哎呀，这个故事早就听过了'，总是捂上耳朵很不耐烦，偶尔也还是应该耐心地听她讲一讲。"

　　如果您现在产生了这种想法，那么请您翻到下一页。

第一章 何谓善于倾听

我不擅长做采访

　　长期以来，我都不太擅长做采访。说句老实话，我现在也不觉得自己做得很好。

　　我虽然也在杂志、电视上做过不少访谈，但自开始做媒体相关工作后的十五年里，从来没有人称赞我"非常擅长做采访"。别说夸我了，每次采访我几乎都会挨骂。为什么不更加犀利一点儿？为什么要问那些细枝末节的事情？我自以为很不错的决定，却总是会适得其反。曾经有一阵子我十分消沉，反思是不是自己没有采访的才能。

　　我开始从事采访工作后不久，曾经担任某本周刊的《探访企业家如何充分发挥女性员工的作用》专栏连载的采访者。这个专栏有两位新人女性采访者，两人轮流去采访各大公司的社长。当时恰逢《男女雇佣机会均等法》刚刚生效。

"贵公司对于女性在社会上的活跃有何见解？"

"请问您是如何看待女性参加工作一事的？"

"女性在工作时的优势和不足有哪些呢？"

当时的环境相比现在，更不利于女性真正地参与社会工作。特别优秀的人才另当别论。当时社会舆论普遍认为女性参加工作不过是在结婚前找份临时的活计，责任岗位很少会起用女性。大部分社长嘴上说着"哎呀，女性的力量对今后的社会来说是极为重要的"，但真要问他个人的想法时，他又会说："但我还是希望我家夫人能待在家里呀。女性想要获得幸福，归根究底还是要结婚的。"

社长们会在不经意间流露出自己的真实想法。我自己，由于自小就被高举男尊女卑大旗、极为大男子主义的父亲教养大，所以对于社长们的发言从未产生任何疑问，反而觉得他们的话极有道理，心想：说得对呀，女性现在还没有能力进入社会，和男性并肩工作呢。

就这样过了两年，这个专栏结束了。一直从旁协助我们两位访谈记者的大叔（当时还是位大哥）在最后为我们开了一场庆功宴。

"感谢您两年以来的支持和帮助。总是给您添麻烦，一定给您增添了不少负担吧？"

我向着大哥低头致谢，没想到他却摇摇头，对我说：

"阿川女士呀，虽然访谈做得不怎么样，但是没想到社长们都不会讨厌你呢。"

这话说得我不知道他是在夸奖我还是在贬低我。但当时，我心中更多地认为他是在贬低我。虽然我也并不认为自己做得很出色，但当时却感觉自己被打上了无法消磨的烙印：这样啊，原来我真的做得很糟糕啊……

之后，我对于采访的畏惧心理便日益根深蒂固起来。虽然想要提高自己的水平，但畏惧心理却日益增强。遇到挫折的时候，我会开始自暴自弃，心里想："我早就说了我做不好的。"但从事媒体工作，想要绕开采访是不可能的。我一边想"受够了、真是受够了"，一边不情愿地继续我的采访工作。

有阿川风格的访谈，究竟是什么？

那之后过了大约有十年，在 1992 年的秋天，《周刊文春》的主编找到我，问我有没有意向担任访谈的主持人。

其实，在那之前的四年里，我一直在《周刊文春》连载随笔，并且是同林真理子老师、伊集院静老师一起连载，写一些日常杂记。但连载到了第四个年头，我总是不在状态，连我自己都觉得"最近总是写得不顺手"。正在这时，主编对我说："随笔的连载先到此为止，要不要来做访谈的连载呢？"向我发出了邀请，也可以说是向我下达了命令。但当时，我并没有为获得了新的选择而欣喜，反而觉得自己至今为止所做的一切都被否定了，颇受打击，心像被针扎了似的刺痛不已。

"唉，我写的散文果然很无聊。虽然自己多少意识到这一点，没想到真的是这样……因为直接把我炒掉显得我太可怜了，主编才好心问我要不要做访谈，打算卖我一个人情。"

我没精打采地回了家。但这些想法仍萦绕于心。

随笔的连载被砍掉虽然也是没办法的事，但是也不能因为这样就让我去做访谈啊。那怎么可能呢？我根本就不擅长做访谈啊，也一次都没有被夸奖过。而且这还是周刊，每周都要找人做访谈，做我根本不擅长的访谈，我的身心都会崩溃的，说不定会瘦得皮包骨头呢！能瘦下来虽然是好事，但我肯定会闯下天大的祸，给大家添麻烦的。

"哎？等一下。"

我突然想到了一件事。"要不要试一试？"说出这句话的是文春的人。如果我出岔子了，或者是写的报道没什么意思，那么文春作为选用了我的雇主，就要负起责任，想办法挽回。为了让我写出有趣的文章，他们就要绞尽脑汁地培养我。说不定还会教我一些采访的技巧呢。

那么我呢，对方教我新知识，我是不会有损失的。毕竟《周刊文春》相比其他周刊杂志，因销量第一著称。为一本风头正劲的杂志，和意气风发的员工们一起工作，对我而言肯定不会有什么负面影响。就算是历经千锤百炼我也做不好访谈的话，最多也不过是被炒掉而已。

转变思路之后，隔了几天，我答复了主编。

"我想试试看。还请您多关照！"

然而，等到我真的接受了这份工作，我又开始感到万分不安。

"唉，我为什么要答应啊！明明我根本就做不好。"

也许是因为在心里反反复复纠结这些事情，逐渐的，我开始在半夜突然醒来，再也无法入睡。有好几次，我都梦见自己在嘉宾面前大脑一片空白，急得快要哭出来。我也是在这个时期，经历了好几次类似"鬼压床"①的情况。

---

① 鬼压床：指睡觉时突然有了意识，但是身体无法动弹的情况，是一种睡眠障碍，多由睡姿不正确、睡前过度用脑、生活压力大等因素引起。

　　有天晚上，因为感觉身上很重，实在承受不住，终于醒了过来，感觉有什么东西压在了自己身上。反应过来的时候，我正仰面躺着，身上骑着一个身材魁梧的男人。我对他说："你很沉，能不能让开。你在这里是想做什么？"我挣扎着想要逃开，无意间看到了男人的脸。那正是阿诺德·施瓦辛格。哎呀，真是的，没想到还是个好男人呢。我本来并非十分喜爱施瓦辛格，但是这次"鬼压床"，或者说是梦中，虽说并没有发生什么少儿不宜的事情，但在这次朦胧而奇妙的午夜经历之后，我就成了他的影迷。

　　讲了一个没什么关系的故事。那个……

　　归根究底，一直以来我心目中的"优秀采访者"，是能够不断提出尖锐问题，问得嘉宾张口结舌，无论何时都能保持冷静，并且能够漂亮地进行回击的形象。所以我才一直认为"我肯定是做不到的"。虽然我凭借一副看起来很有智慧的长相（我打小就经常被人评价只有脸看起来还算聪明）参加过一些新闻节目，但实际上我却是一个"没常识、没修养、没文化，不认得汉字，不会背成语，什么也不懂"的家伙，家人们一直认为我是个"一问三不知"。

　　"姐姐可真好意思一脸'这种事情我十年前就知道了'

的表情，那么不以为意地上电视啊。"

我还曾经被弟弟称呼为"诈骗犯"。虽然很窝火，但也不得不承认他说得没错。

我这种什么也不懂的人，在周刊杂志上，究竟能从各个领域的专家学者、成功人士们口中问出些什么呢？

"我还是没有信心。我没有能力像戴夫·斯佩克特[①]先生那样提出犀利尖锐的问题。"

《周刊文春》访谈专栏的上一位采访者，正是戴夫·斯佩克特先生。他的专栏以其切入点之巧妙而著称，读者反响热烈，在业界也广受好评，读起来令人兴味盎然。但也因为戴夫先生的问题过于尖锐，嘉宾们纷纷对访谈敬而远之。渐渐地，便越来越难以约到合适的采访嘉宾，据说这也是专栏最终告结的原因之一。可我却很佩服戴夫先生，认为他的采访非常精彩。如果主编期待我也能做出那样精彩的访谈，以我的能力是万万做不到的，我便直接这样同主编说了。听了我的话，主编笑了笑，说：

"阿川女士，你只要做出带有阿川你的风格的访谈，这样就足够了。"

---

① 戴夫·斯佩克特：美国演员、电视制片人、作家，主要在日本开展工作。

　　有阿川风格的访谈，那究竟是什么呢？
　　我回到家里，仍旧在思考这件事。想着想着，我想起了另一件事。

在倾听时要津津有味

在开始《周刊文春》的访谈之前，我曾受某本季刊委托，对"当下耀眼的人们"进行采访。因为是季刊，所以一年只采访了四人。连续三年，共采访了十二位"最为闪耀的人"，印象中是这样一个限时的企划。第二期的采访对象，是城山三郎先生。

恰逢城山三郎先生翻译的《商人家书：写给儿子的信》（新潮文库出版）登上畅销榜首位，我原本计划围绕这一话题展开采访。和城山先生初次见面，打过招呼后，我立刻开口道：

"您的译作非常有意思。"

我读书向来较慢，然而这次却难得地读罢全本。阅读后觉得内容十分精彩，令人感动万分。所以才这样说。

这是一部家书集，由一位成功的加拿大企业家写给即将步入社会洪流的儿子。信中有严厉的批评，有深情的关怀，饱含智慧，还对职业与人生的发展提出了许多宝贵的建议。城山先生听了我这句"有意思"，微微一笑，笑得脸上都浮现出了皱纹。他答道：

"是吗？哪里有意思呢？"

哎呀，这可让我如何回答……我的确通读了全书，可我若说得不好，怕是会坏了先生的兴致。这可怎么办？我该怎么回答呢？

"嗯……全书是由父亲写给儿子的信构成。身为女性，我在阅读的过程中也学到了许多发人深思的经验教训。与其说这本书是写给企业家的经营指导，不如说是一部讲述关于人类如何生存的本源性问题的呕心沥血之作。所以不仅是企业家，无论读者是女性还是孩子，都会觉得这本书很有意思。"

"嗯。还有吗？"

还有吗？我还得继续说下去吗？

"还有……就是……我很喜欢最后一封信——不能贪婪。无论多么饥饿，也不能和别人争抢食物，那样太丢人现眼了。人生也是一样，无论欲望多么强烈，也不能做出争抢、排挤之类的粗鄙行为。这一篇给我留下的印象非常深刻。"

城山先生听我说完，评价道：

"真是个好读者啊。"

他微微地笑着。我莫名想让他笑得更加开怀一些，于是又开了口："还有，还有那一章……"说着说着，我突然反应过来。对了，今天我才是采访人，不应该光顾着自己说。于是我调整好心态问道：

"城山先生您也有一位公子，那么您作为父亲，有向令郎提过什么建议吗？"

"我和儿子的关系其实没有那么亲近……你家里呢？"

"我家吗？我家别说是建议了，父亲总是对孩子的所作所为样样不满意，成日里吵个不停呢。"

哎呀，不行不行。我怎么又说了这么多。

"那么，令爱呢？您应当很惦念令爱吧？"

我把话题又引回城山先生身上，先生却笑了。

"我和女儿的关系也不是很亲近。有一次我工作结束后打车回去，不巧遇上堵车。司机人很贴心，问我：'您着不着急？'我说：'也没有那么急。'司机又问：'您有什么事要办吗？'我回答说：'其实今天是我女儿的婚礼。'结果被司机大骂了一通，骂我：'这怎么能不着急呢！这可是你女儿的婚礼啊！'"

城山先生讲完，又随口问了一句：

"你父亲也很了不得吧？"

明明聊到这里就可以告一段落的，我却不自禁地等了一等，终于等到了城山先生这句话，对父亲的抱怨终于全部爆发了出来。

"可不是吗，真的很让人头疼。我的父亲啊……"

可能是因为父亲总是过于干涉我的生活吧。我上大学的时候，有一位网球同好会①的学长给我打来电话，父亲便逼问我："是不是在和他交往？"我回答："只是学长而已。"

"大你几岁？"

"两岁。"

"太小了！"

明明我和学长并没有交往，更不用提什么婚约之类，父亲却对无辜的学长起了敌意。还有一次，我因为中暑，肚子不适，睡觉时忍不住难受得呻吟起来。就听见父亲在门外对母亲喊道：

"快叫妇产科的人来！叫妇产科来！"

① 同好会：具有相同兴趣爱好的人聚集在一起的一个团体或者俱乐部。

我不明白父亲是什么意思，等到腹痛好了，便去向父亲抗议，问他："您那是什么意思？"父亲却冷哼一声，嗤笑道：

"女人说肚子疼，还能有什么情况。"

父亲只说了这一句话。我才总算是明白了他的想法。

听我说完，城山先生又问：

"你的父亲还真是好笑。然后呢？"

城山先生追问我之后如何。而我们阿川家一提起便叫人痛哭流涕的伤心事可谓是堆积如山，我越说越停不下来。

两个小时的访谈结束了，而我究竟问了城山先生几个问题呢？我只记得笑眯眯的城山先生走出访谈室后，杂志主编一脸苦相地对我说：

"今天，完全是阿川女士您一个人在倾诉呢。"

以城山三郎先生为目标

在《周刊文春》的主编对我说"有阿川你的风格的访谈"之后，我想起了那天的事情。

为什么我在城山先生面前，能够说那么多、那么久呢？毫无疑问，作为一名采访者，我肯定是不合格的。

但这样的采访并非总是不可取的。

实际上，在城山先生之前，第一期连载的受访对象是开高健先生。我造访了先生位于茅崎的家，先生来到门口迎接我："哎呀，大老远跑来一趟，欢迎欢迎。"从这一刻开始，直到两个小时之后我向先生告别，可谓是开高先生的一场精彩绝伦的独奏会。我几乎只是一直在点头而已。哎呀哎呀，做个采访者还真是轻松啊，我当时还松了一口气呢。然而，第二期连载的嘉宾就是城山先生。

主编说的那句"今天，完全是阿川女士您一个人在倾诉呢"，实际上话里还隐藏着"你上次明明都没怎么说话"的讽刺。无论如何，我都算不上是一位优秀的采访者。面对开高先生，自己插不上话。面对城山先生，自己说个不停。为什么会这样呢？我后来才意识到，这是因为开高先生擅长讲述，而城山先生擅长的则是倾听。

但是，城山先生善于倾听，究竟是体现在什么地方呢？

城山先生在面对我时，并没有提出什么尖锐的质疑或是令我紧张的问题。只不过是一直在我说话时，简单地回应一句"是吗""然后呢""真有意思""为什么呢""之后怎么样了"，然后笑眯眯地、兴致盎然地听着我对家人的那些极其无趣的抱怨。从始至终，他都带着安详、温和的表情听我诉说。

"原来是这样！"

我终于明白了。所谓善于倾听，并不一定要像戴夫·斯佩克特先生那样直截了当地切入问题。我只需要让对方愿意向我倾诉就可以了。"她这么津津有味地听我讲话，那我就再多说两句吧。""那件事情也告诉她好了。"我只要成为这样的采访者就好了。

无论是提出犀利的问题也好，钻对方发言中的漏洞也好，对于我来说都是难以完成的任务。如果有什么事情是我能做到的话，虽然我无法拥有城山先生那样平静温柔的性格，也无法同富于才智、教养却不显山不露水的先生相提并论，但总而言之，在倾听对方发言时表现出兴致盎然的模样，我还是能够做到的。不，应该说我除此之外别无他法了。

"一问三不知"的我费尽力气想出来的法子，就是"以城山三郎先生为目标"，这时，我才终于有了些许面对工作的勇气。

写邮件和对话并不相同

　　刚开始做电视相关的工作时，有一位记者告诉我："我们做媒体行业的，都要从采访开始，也要以采访结束。"这番话让我颇感赞同。

　　厨师经常会说："学做饭要从煎鸡蛋①开始，也要以煎鸡蛋结束。"我认为和这是一样的道理。厨师最开始学习烹饪技术时要制作煎鸡蛋，而最后能够做出完美煎鸡蛋的人却是少之又少。这也说明了，煎鸡蛋的学问其实是十分深奥的。

　　我在做电视工作时，最开始挑战的工作，是打电话给

---

①　煎鸡蛋：此处指的是日式煎鸡蛋，将调料、高汤等加入鸡蛋中打碎搅匀，用方形小煎锅煎熟，卷成长卷状，切成小块食用，对火候把握要求较高，也称"玉子烧"。

气象协会询问天气预报相关的信息。等开始习惯工作之后，我就走到街上去采访过往行人。

我需要拦住素不相识的陌生人，向他们提问。或是打电话给看不见的人，得到我所需要的信息。最开始，我既觉得不好意思，又很害怕，连声音都抖个不停。

"那个，在您百忙之中，打扰您了。"

"我确实很忙！"

一开口就被拒绝是常有的事。

"不好意思。我是 TBS《情报桌 Today》的记者阿川，啊，本节目每周一到周四晚十一点半播出，主播是秋元秀雄，然后，这次，我们节目……"

我正在自我介绍的时候，采访对象早就跑掉了。编导来骂我："你少那么多废话，直接进入正题！"我心中犹豫，这样会不会太没礼貌了，但还是走到行人面前，挡住对方的去路。

"不好意思，那个，请问您是否认为您就职的公司可能会倒闭呢？"

"你也真好意思问！"

不出所料，我果然被骂了。但在不断冒犯行人的过程中，偶尔也会遇到一两位亲切热情的人，很有耐心地对着话筒回答我的问题。最终，我总共问了一百人左右，有人拒绝，有人回答。接受采访的人中，最后大概有两三位的发言被节目组采用了。

我历经千辛万苦，究竟是为了什么呢？我偶尔也曾这样想过，但在不断提问的过程中，我向陌生人提问的能力也确实得到了锻炼。脸皮也慢慢变厚了，被人嫌弃也不会轻易气馁。可即便如此，我还是会觉得很丢人。

采访就是"对话"

不过，像我这样没有进入公司就职的人，多多少少会遇到同样的情况。"采访"这个词听起来专业，但说白了不过是一个"答疑"的过程，用更加常见的词来说，就是"对话"。

在工作单位同领导或下属开会时，回家路上在小酒馆听同事发牢骚时，去拜访客户谈成一笔生意时，回到家听家人倾诉烦恼时，回应妻子的喋喋不休时，了解孩子的内心世界时，结交新朋友时，追求心上人时，和邻居交往时，妈妈们交流育儿经时……人在各种各样的情况下都必须要"采访"。可以毫不夸张地说，只要活着，无论是谁，都是自"采访"始，以"采访"终。

话虽如此，最近我却能够从早上起床到晚上睡觉，一句话都不跟他人沟通。去买东西时，蔬菜店的老板不会问我："哎呀，欢迎光临，今天您想要点什么？"也不用费功夫和人打招呼问好，聊聊最近的天气。我只需要把想买的商品放进购物筐中，走到收银台，不管收银员是对我说"欢迎光临"也好，还是对我说"欢迎下次光临"也罢，我只需要点点头，就可以一路沉默地回到家。哪怕我一言不发，机器也会主动亲切地搭话："请您取购物车。""请您放入停车券。"这样，我也从不会觉得寂寞。

社会变得越来越便利了。为了和他人沟通而不得不开动脑筋的场景也越来越少。听人说，如今有些人，连在办公室和坐在隔壁的人都是通过邮件交流的。

你们这帮人！就这么懒得张口说话吗！

不好意思。不小心太情绪化了。

不过我认为，邮件交流和实际上的对话，并不是相同的。

"这次的计划书，很有可能会超期，请你尽快整理好交给部长。我还有一个文件必须尽快整理，忙不过来。请见谅。"

你这人怎么这么自以为是。可能会超期，难道不是因为你磨磨蹭蹭，没能尽快决定害的吗！还"尽快"，你这什么语气？"请见谅"，我可没看出来你有一丁点儿抱歉的意思。

　　对方收到邮件后，多少会有点不爽吧。带着这份不爽回邮件，回信的内容更是饱含怒火。

　　"收到。但是让我尽快，我本身也是有工作安排的。究竟是让我什么时候提交计划书，烦请说清楚一点。"

　　这样沟通下去，迟早两人会大吵一架。然而，如果两人直接碰面商量商量，事态又会如何发展呢？

　　"那个，这次的计划书，现在看来很可能会超过预定期限。"

　　这么说的同时，表情要显得非常难过，让对方明白你的意思。同时因为你也会十分焦急，所以额头上可能还会渗出汗滴。对方看到你的表情，就会明白你现在一定相当头疼，从而产生同情心。

　　"真的很抱歉，能不能请你，尽快整理好之后，交给部长呢？其实我还有另一个方案要总结……真的很抱歉！"

　　这时，只要双手合十，用一副快要哭出来似的可爱表情低头恳求，没有人能够忍心拒绝你的。你都已经被逼到这个份上了，那也只能帮你了。虽然对方心里清楚工作进度拖延实际上是你的问题，但也会助你一臂之力的。

　　像这样表情和动作配合语言在交流时留给人的印象，

和单纯靠屏幕上的文字来沟通，是极为不同的。

"你对人家，是怎么想的呀？"

你用撒娇的语气这样问你的恋人，恋人紧紧地抱住你，微微一笑，回答说："没什么想法啊。"

但是，如果这段对话是在邮件中发生的呢？

"你对人家，是怎么想的呀？"

"没什么想法啊。"

给我等一下，回答得这么冷淡，是什么意思？你也许会开始无理取闹。尤其是女人，会因为对方不经意的一句话而开始胡搅蛮缠。说是女人，其实应该是我自己吧。

为了不产生类似的误会，据说如今的邮件中会附带很多"颜文字"①。也就是说，在"没什么想法啊"后面，加上一个笑脸的表情，就不会让人觉得态度冷淡、生硬了。但是，老大不小的人了，尤其是一把年纪的男人了，在邮件末尾都加上爱心或者害羞表情之类的，算怎么一回事呢？如此抱怨一通之后，有位男性朋友从前阵子起，在给我发邮件时突然一个表情都不加了。这样一来，他的邮件在我眼中突然变得十分冷漠了。这又是怎么一回

---

① 颜文字：一种表情符号。是指利用计算机字符码表中特定字符的显示外观，编排其组合次序，所形成的描绘人物表情动作的图案。

事呢？

　　我刚才在聊什么话题来着？哦，对了，是在讲日常生活中的"采访"。

相亲是"谈话"彩排？

　　从日常生活中的"谈话"这一层面上来讲，我认为自己在年轻时相亲那么多次是件很幸运的事。诚如各位所知，虽然我相亲无数次没有一次是成功，但那些"会面游戏"并非毫无意义，这一点如今我在从事这份工作后深有感触。无数次同初次见面的人对话交流的体验，正是为如今的采访工作所做的彩排。

　　"您有什么兴趣？"

　　"读书。"

　　"哎呀，真是有品位。爱看些什么书呢？"

　　"看的都不是些什么名著经典，不过若是说喜爱的类型，我比较偏爱推理小说。"

　　"是吗。那您是喜欢外国的作品，还是日本作家的作品？"

　　事到如今，找产生了这样一种想法：也许，老天爷给了我那么多次相亲的机会，并非是为了让我去结婚。

这些先暂且不论，如今的年轻男女们，貌似不会再去相亲了。但是，大家会去参加联谊。联谊可以说是绝佳的采访训练营，而且还有多位嘉宾供你提问。同一个问题，你可以拿来问你面前的三个人，从他们回答的不同之处中可以看出每个人的个性，十分有趣。面对不同的问法，他们会有不同的回答，会选择不同的措辞、不同的举止。对方也会反过来问你问题。我非常建议读者们也能够仔细观察这些细节。

即便在联谊中没有找到伴侣，你也不必为此失落消沉，认为联谊是徒劳无功的交际。要知道，联谊中获得的经验总有一天会派上用场，就像我这样。你说什么？像我一样的结果并不值得开心？

每个人都希望别人能够倾听自己

"我话不多""我不太会说话"，这个世界上有很多人会在一开始就对别人说这种话，但我却不会轻易相信他们。确实，是有一些人无法流畅地说话、发声。但是完全不希望别人听自己说话的人，我认为并没有多少。

高任和夫先生 [①] 创作了许多经济小说，他曾写过一部名为《转行》的作品。《转行》并非小说，而是一部以自身经历为基础的报告文学。高任先生在一流商社工作到五十岁后，从公司辞职，下定决心以写作为生。他采访了许多因辞职、裁员、失业而遭遇生活巨变的男人以及他们的妻子，并将这些信息作为素材，最后整理出版。

---

① 高任和夫：日本小说家、剧作家、随笔家，创作了许多经济小说、企业小说。

　　我因为某个契机结识了高任先生，先生送了我一本《转行》。看了书名后，我以为这是一本高深的经济学书籍，在收到书之后，有好一阵子没有翻动过。有一天，我翻开了它，被书中引人入胜的故事吸引，看得欲罢不能。这本书非常有意思，看得我时不时放声大笑。要说它为什么有趣，大概是因为我以前从不知道男人和女人，原来有这么多不同之处。

　　书中讲到有一位男士从公司辞了职，之后每天都闲在家中。没过多久，妻子的身体开始出状况，先是起了荨麻疹，而后食欲变差，还总是感冒，长此以往却找不到原因。夫人去看了医生，医生说：

　　"啊，这个是压力导致的。"

　　"什么压力呢？"

　　"丈夫待在家里造成的压力。"

　　"这话说得也太过分了吧！"丈夫愤慨万分。然而，对于妻子来说，迄今为止的四十年中，从天刚刚亮到夜深人静之时，丈夫都不在家。自己在家里做做家务，还可以随时和好朋友煲煲电话粥，看看喜欢的电视节目。饭菜也是，不必定时定点费力制作一日三餐，丈夫若是回来得晚，自己在晚上还能出门逛上一逛。但是，自从丈夫辞了职，自己的生活节奏就被彻底打乱了。和朋友打电话的时候，因为太在意从身边经过、满脸写着"怎么还在打"的丈夫只得草草挂了电话。丈夫霸占了电视，自己也看不了想看的节目。打算出门的时候，丈夫又会跟到门口，问道：

"怎么又要出门？今天要去见谁？几点回来？我吃饭怎么办？"

问得仔仔细细，招人厌烦。

妻子把医生的话原原本本告诉丈夫："这些压力表现在了身体上。"

但丈夫也有话要说。辞了职，他才发现有那么多自己不知道的事情。最让自己不满的，就是原来妻子每天都会出门这件事。当然，并不是说妻子不能出门。但自己一直以为妻子每周最多也就出门两次，其他时间都应当老老实实地守在家里，等候家人归来。但自己的美好想象却被摧毁了。

采访了这对夫妇后，高任先生开始自我反省。

有一天，高任先生心想，总待在家里也是给妻子添麻烦，于是出门去散步。走到小路口，遇到住在附近的太太们正在兴高采烈地聊天。高任先生看了她们一眼，心想，她们看起来还挺开心的。先生继续闲逛，在附近走了快有一个小时，又回到了之前的路口。没想到，还是那几位夫人，依旧站在那里开心地聊天。

"真是令人惊讶。为什么女人聊天能够永远聊个没完呢？而且还叽叽喳喳的，看着可开心了。聊得那么起劲，怪不得没有精神压力。真是羡慕啊。"高任先生回到家，这样对妻子说道。

"那你们男人也聊聊闲天不就好了。"

高任先生听了这话，无比震惊。就算是让他聊，但男人可做不来这种事情。毕竟，男人们在组织中可是常年接受着"尽量别说话"的洗脑教育。高任先生的夫人接着说：

"不过男人不是还可以喝酒吗。可以去小酒馆啊，或者是有漂亮陪酒女士的酒吧。你们都是在那里发散压力的吧？"

原来误会的根源在这儿，高任先生念叨着。"男人们喝酒，可不是像女人们聊天那样开心的。听下属发牢骚、给领导戴高帽、安慰被降职的同事、为下一次的工作做准备。有时是为了公司里的应酬喝酒，有时则是为了研究策略。可不是傻乎乎地去喝酒买醉……"高任先生这样在书中写道。

你在说些什么啊。我和夫人一样，并没有百分之百地相信高任先生说的话，但先生的感叹省略中满含迫切，我读罢便放声大笑。原来是这样呀！男人们一直以来都被洗脑"尽量别说话"的呀。之前压根儿没听说过。不过话说回来，确实听人说过嘴巴越紧的男人越可靠。真是可怜啊。

在这一点上，女人即便是进入了公司，面对各种棘手的工作，多多少少会选择场合及对象倾诉。正因为工作棘手，才更要找人倾诉，消除烦闷。不这样做的话，怎么才能坚持下去呢？

"我第一次见他讲这么多话"

从高任先生的书中，我第一次知道原来在"说话"这件事上，男人与女人身处的环境有着这么大的差异。但是，哪怕是"寡言"的男人，在特定环境下，面对特定的对象，应当也能做好开口的准备。我有这么一位朋友。

"他呀，结婚之前我以为他特别不爱说话，没想到结婚以后，在家里总是说个没完。他比我还能说。我以前都不知道他是这样的人，真是被骗惨了。"

我这位主妇朋友，半是开玩笑地对我这样聊起自己的丈夫。

我自己也被吓唬过好几次。

"这次的采访对象，可是出了名的话少，恐怕要费好大一番功夫了。"

我若是听了这话，总会想要取消采访，赶紧回家。但也别无他法，不，若是带着一脸的不情不愿过去，对方肯定更不愿意开口了，还是稍微热情一点，小心谨慎地靠近对方。结果呢？

"真是难得啊，我还是第一次见那个人说这么多话。"

听到在附近参观的编辑同事这样夸奖自己，我不禁高兴得想要跳起来。如果嘉宾心中认为"虽然我不擅长说话，不过对这个家伙，我或许可以多说两句"，那么就没有比这更光荣的事情了。当然，并不是所有嘉宾都会和我交心，但若是说到我的终极目标，我还是希望每一位嘉宾在访谈结束时都能够满心欢喜，在面对我的时候能够不知不觉聊出很多内容，希望他们能够感到开心、舒畅。

提问时的三大要点

　　即便我从事采访工作已经这么久了，但在每一次访谈开始之前，我都会紧张不已。我要是把这话说出来，认识了许久的《周刊文春》访谈小组的成员们肯定要笑我，"你又在讲这种话了"。但于我而言，事实确实如此。最近有时虽然会觉得"今天应该会比较顺利"，但这和"习惯"还是有所不同的。应该说，在我认为自己"已经习惯了"的瞬间，我就会掉入陷阱。因此，我总是以新人的心态来面对访谈嘉宾。

　　访谈过程中，对方要是不高兴了可怎么办？要是自己准备不足，采访时没有逻辑、条理怎么办？最重要的是，如果没能问出真正有深度的话题，让我的听众们（读者或是观众）觉得无趣，那便全都是身为倾听者的我的责任了。怎么办，哎呀，这可怎么办啊？我紧张的时候会吵吵嚷嚷个不停，所以最近我的同事们谁都不再同情我了。

但是实际上，在我还是个采访新人的时候，我其实是更加紧张的。比起现在，那时我在某种层面上更加认真，为了让自己不那么紧张，我会预先做采访的演练，在报告纸上把要问的问题都列下来，然后才去采访。

我会在纸上横着写，从第一个问题列到大约第二十个。例如说，如果去采访某公司的社长，那么第一个问题就是：

"您担任社长一职已经到了第二个年头了，坐上社长的位置后，您有什么感触呢？"

社长回答之后，我又该怎么问呢？第二个问题是：

"您担任社长之后，发生了什么变化吗？"

这样一来，他应该就会跟我聊起公司内发生的变革了，那我就可以接着再问第三个问题：

"明年是贵公司创立五十周年，请您介绍一下公司的历史。"

当采访对象是企业家的时候，我通常会问这些比较死板、严肃的问题。无论如何，我会按照这个思路想象一下访谈的流程，做一些笔记，例如对方可能会如何回答，或是下一个问题要怎么询问，按照这些笔记来推进采访，应该就能顺利完成工作了。我当时是这样认为的。

到了采访当天。我被人引到社长宽敞明亮的办公室，在大大的沙发上坐下，把报告纸在膝盖上展开，向社长行礼。

"请您多多关照。"

社长先生坐在我斜对面的沙发上，和颜悦色地笑着。

"那么，首先……"我向社长提出了笔记中的第一个问题。

然后社长回答道：

"哎呀，社长这个位置，还真是坐不习惯啊。对我来说还是太高了一些。"

社长回答得好认真，而且脸上一直带着笑意的。啊，太好了。我放下了心来。放心的同时，我趁着社长不注意，时不时地看一眼我的纸稿。下一个问题是什么来着？对了，是这个。不过，是不是先问第三个问题比较好？怎么办呀？

在社长侃侃而谈之时，我嘴上说着"啊""嗯嗯""哼""原来是这样"，小声附和着社长，脑子里却乱成了一锅粥。啊，社长差不多要说完了吧。怎么办？下一个问题，该提下一个问题了。怎么办，怎么办？

我终于下定决心：

"那个，您上任以后，有没有发生……什么变化呢？"

啊！社长沉默了。他在思考。这个问题还是别问了吧。是不是应该问下一个问题才对？我又偷看了一眼纸稿。

"变化啊。我自己虽然没什么变化，不过公司整体发生了巨大的变化。不过那也并不是我提议的改革，是上一任社长还在的时候就有的计划。"

哦，话题终于展开了，不错，不错。这样的话，再问公司成立五十周年的事情，是不是不太方便？干脆问问上一任社长的事情好了。不过这个问题，我本来打算后面再问的。怎么办呢？改变原定计划好了。我又瞥了两眼纸稿。

我满脑子想的都是下一个问题，这可怎么办呢？社长重要的发言，我几乎一丁点儿都没往耳朵里去。应该说，我心不在焉的几乎完全没听。我敷衍了事地附和社长两句，实际上却只想着要让对方回答自己的问题，只在意对方是否开口说了话，如此一来便放了心，压根儿没去听对方发言的内容。

我一直持续着这样的采访方式，因为没有听对方说话的内容，采访也就失去了连贯性。在社长说话时，我被纸稿中自己列出的问题吸引了注意力。

社长难得主动开口说了句真心话："我现在摆出什么社长的威风，实际上我刚进公司的时候，什么都不懂，就是一个非常没用的小白领。从那时起我就知道自己是没用的人，而且他们都在奇怪'为什么你这小子能当上社长啊？'"可我却"是吗是吗"地敷衍两句，接着问：

"那么，您有什么兴趣爱好吗？"

我把报告纸上的下一个问题抛给了社长。和蔼可亲的社长有些惊讶，不过仍旧回答道："兴趣呀，我比较喜欢登山。前阵子还去了白神山地呢。"

我点了点头：

"成为社长之后，觉得最头疼的事是什么呢？"

我又把话题扯回到了工作上。因为，我都记在报告纸上了，但是刚刚跳过去了，没能问成嘛。坐在对面的社长，方才听我问兴趣爱好的事情，还以为话题要转向私人的事情，却因为我，不得不把思路再转回工作上面。

采访者问的问题毫无连贯性，那么被采访者会是什么样的心情呢？

"采访前只准备一个问题"

还是那段时间里发生的事情。那天我偶然看到了一位播音前辈写的书，在其中发现了一个很有趣的观点。

"在出门采访的时候，只能准备一个问题。"

这怎么可能做得到呢？我看了之后，一笑而过。毕竟当时的我，每次采访之前都会准备二十个问题，并把它们一一列在纸上。让我只准备一个问题就出门去采访，我问一句话，对方回一句话，之后我就只能说"感谢您的讲述，在下就此别过"然后打道回府了吗？这么恐怖的事情，我怎么可能去做。

但是那位前辈，在这句话之后加上了一段说明。

"只准备一个问题的话，你就必然要当场思考下一个问题该问什么。那么，找出下一个问题的关键点藏在哪里呢？其实就在被采访者对第一个问题的回应里。这样一来，采访者就必须认认真真地倾听对方说的每一个字。只要认真地去倾听，你就一定能在其中找到下一个问题的身影。"

原来是这样……我恍然大悟。提问，对方回答。从回答中找到疑问，提出下一个问题。对方再次回答。根据回答，再次提出问题。这一过程在采访时最为重要，原来采访就像环环相扣的链条一样，一来一往地同对方交流。

例如，嘉宾说："我现在，已经没有那么多烦恼了。"你难道不会顿时产生新的疑问吗？

"现在没那么多烦恼了，也就是说以前很烦恼吗？为什么不再烦恼了？是有什么契机吗？之前是为了什么而烦恼呢？"

一定会有很多问题想问吧。嘉宾在开口说出这句"我现在，已经没有那么多烦恼了"的时候，脑海中一定也会浮现出很多回忆吧。"哎呀，说起来最近确实没有再因为这个烦恼了。为什么呢？不过当时确实非常头疼的。当时还发生了那件事呢。是因为我变坚强了吗？是那个人给的建议让我变得更加坚强了吧……说到这个，他最近还好吗？是个很有趣的人呢。"

在被采访者沉浸在这种思绪之中时，采访者突然问出一句"你喜欢什么颜色呢"，一定会打乱对方的思路吧。你居然要问这个？你给我等一下。我可是难得才回想起"艰难岁月"里的经历呢。

可一旦采访者提出和上一个问题紧密相关的新问题，那么嘉宾就会从同一个思维抽屉中源源不断地抽出更多的回忆。即便是一些没有被问到就很难回忆起的久远往事，可能也会突然浮现在脑海之中。

虽说如此，我却并没有立刻掌握"只提一个问题"这一技巧，也没有将其付诸行动。而是慢慢地，一步一步地付诸实践。我先把二十个问题减少到十个，再从十个问题减少到五个。纸稿即使就放在腿上，我也努力控制自己尽量不去偷看，过了一段时间，我就可以不用再制作笔记了。

不过，"只提一个问题"的话，我无论如何还是会觉得心里没底，如今，我一般会在脑中规划起三大要点。在了解采访嘉宾的资料、作品，他的经历以及思考模式之后，我还会调查对方经历过的人生转折以及人际关系。"问他那个时候发生的事情会不会很有意思""为什么他说话声音总是那么大呢""童年时照顾他的奶奶，对他产生了很大的影响吧"，我会大致提出一些问题，最后总结出"出道前的散漫生活""大声说话的秘密"以及"奶奶"这三大主题。

但即便如此，这些也只不过是我个人的想法，实际情况会如何，还要等见了面才知道。我本以为奶奶对他的影响很大，但实际上却发现，和从小分居两地的父亲的重逢以及父亲的教诲，对嘉宾产生了很大的影响。这时候，就必须当场改变计划。先了解嘉宾父亲的情况，接下来再问第二个问题。

无论是只准备一个问题，还是同时准备三个问题，都要让自己尽可能把注意力集中在对方的发言上。为此，就像我方才提及的那样，我从某个时期开始，不再携带任何纸稿了。虽然在采访政治、经济的复杂话题，或是在记不住外国的电影导演及演员的名字时，我会带上信息简短的纸稿，或者会把电影的宣传册放在眼前。除此以外，我都尽量不去准备纸稿。因为只要纸稿摆在眼前，我的注意力总是会不自觉地被它吸引。咦，我本来要问什么问题来着？有什么是还没问的呢？

　　采访者总是在自己面前偷瞄纸稿、坐立不安，嘉宾也会变得焦躁。"这个人，到底有没有认真听我说话啊"，被采访者一定会越来越不放心。一对一、面对面的交谈，是比大家想象的更加敏感的。哪怕是一个眼神，一声叹息，都会让人怀疑："莫非，他并不喜欢和我说话吗？"为了让对方不产生这种不信任感，我会尽可能排除多余的事物，将注意力集中在对话上。先不论提问的内容，至少要表现出"我正在认真听你的话"，展现出自己的诚意，这是采访的基本原则。

让你觉得"咦？"的事情一定要问

在《周刊文春》连载时，会由责任编辑严格筛选、收集访谈对象的相关资料。从嘉宾过去在各大杂志、报纸接受过的访谈开始，如果对方是小说家，还会收集对方的作品，演员的话就是参演作品的 DVD，有时还会去观看对方的演出或是作品试映会。若是嘉宾的资料实在太多，责编会绞尽脑汁、严格筛选出最重要的资料交给我，但即使如此，资料也往往会堆成一座小山。

我有好几次都惊得目瞪口呆。"你不会是想让我在一周之内看完这些吧？"

人总有着各种各样的理由和借口，例如说，其他的工作忙不过来，别的稿子总是写不完，或者是抱着资料不小心睡着了……总而言之，就是没有时间把资料通篇读完。不过，比起各种各样的理由，在这种时间紧迫的阶段，我们要怎么撑过去呢。既然没有时间看完所有的资料，那就必须要舍弃其中的一部分，这就意味着需要决定优先顺序。这种情况下，我一般会先看嘉宾写的书、参演的电影、演奏的音乐以及相关录像。当然，把嘉宾的简历牢牢记在心里，这是基础中的基础，所以看一遍嘉宾过去的采访文章也是必不可少的功课。第二重要的，我认为就是嘉宾本人做过的工作。

我之所以这样说，是因为对于当事人而言，相比于各大媒体对自己的采访，他们还是更加在意自己创作的作品是如何被评价的。

我每次了解嘉宾的作品后，都会有一些意想不到的发现。

我阅读了某位作家的三本小说，发现"咦？这个人的作品中，总是会出现很多意志坚强的女性"。于是决定在采访时问对方，是否很欣赏这类人。

从处女作开始，我按照年代先后听了某位小提琴家的几张唱片之后，我发现"咦？从这张唱片开始，小提琴的音色突然变了。发生了什么了呢？"是因为演奏技巧变化了吗？还是说嘉宾在此时坠入爱河了呢？问一问吧。

实际上，这位小提琴家就是诹访内晶子①女士。我先给自己铺垫道："虽然我对音乐一窍不通……"然后小心翼翼地开口询问。

"从这张专辑开始，我换了一把小提琴。"诹访内女士这样回答。

原来，她从这一年起，开始使用斯特拉迪瓦里②制作的三大名琴之一"海豚"进行演奏。我那个时候才第一次听说，原来不同的小提琴之间声音是有着天差地别的。从这个话题，我们又聊到了乐器。诹访内女士告诉我，小孩子个子长高之后，就可以用尺寸较大的小提琴来演奏了。尺寸较大的小提琴，其声音会更加深厚，低频也会很结实。

当然，我并没有一丁点儿显摆自己问题提得好的意思，不过，直截了当地向对方问出自己在意的地方，就能够让对方明白你很关注他的工作。哪怕我并没有看完

---

① 诹访内晶子：日本小提琴家，曾获得包括柴可夫斯基大赛金奖在内的各大国际赛事奖项，以精湛的演奏技巧和热情洋溢的演奏风格著称。

② 安东尼奥·斯特拉迪瓦里（Antonio Stradivari）：史上最伟大的小提琴制作家。他一生制作了约九百五十把小提琴，其中不乏传世名琴，许多世界知名的提琴家们都会选择斯氏琴进行演奏，或至少拥有一把斯氏琴。

其他的资料，也依旧能够聊到许多意想不到的话题。不过，像这样考前押题一般只着眼于能够博取好感的要点，也会让我偶尔在正式采访时，发现"太遗憾了，完全猜错方向了！"

我在采访某位女性畅销书作家时，也完全没有时间读完资料。谁让编辑在她出版了一部话题作品之后，就马上对我强调说"阿川，别的资料先别管了，你一定把这本书好好读一读"了呢？他交给我这套包含上、中、下三卷的新出版的大作，我只好点头称是。等我真正翻开这本书时才发现，这部鸿篇巨制篇幅长得吓人。无论我怎么读、怎么看都看不完。这部作品不光包含上、中、下三卷，而且排版还是每页上下两段，字数很多。更何况，我读书本来就比常人要慢上十倍。我本来很早就开始读这本书了，可却怎么读都读不完，采访的日子越来越近，可等我反应过来的时候，我连上卷都还没读完一半。

"完了，这下要来不及了。"

我急得上火，心想，既然这样也没别的法子了，于是看完一个段落，就一口气往后翻个五十页，再继续开始读。可即使我读得这么敷衍了事，每翻开新的一页，其中的故事都会令我感动得不能自已，不由得被剧情吸引，情不自禁地落下泪来。往后翻五十页，号啕大哭一番，再翻五十页，痛哭流涕一阵。哭到最后，开始感到疲倦，我最后败给了困意，不小心睡着，接着又从睡梦中惊醒，大脑昏昏沉沉的，翻开书来继续阅读，接着又会被感动得泪眼婆娑。

第二天一早，责编问我："你读到哪里了？"我回复说："嗯……认认真真读的只有上卷的前几十页。之后都是跳着看的……"责编听了整个人愣在那里，脸色发白。我只好出言安慰：

"不过，哪怕是跳着看的，我也深受感动，看哭了四次呢。"

即便我这么说了，责编心中的不安也没有散去。而我自己也是，在不安与恐惧中心惊胆战，迎来了正式采访的时刻。

"真是一部杰出的作品。我看哭了四次呢。"

见到作者本人之后，我立刻这样对她说。"我是跳着看的"这个事实当然是无法说出口的，但是"看哭了四次"却并非是谎言，认为这是一部杰作也是我真实的想法。听了我的话，那位女性畅销书作家非常高兴，于是对我说，为了创作这部小说，在采风时吃了不少苦头，在创作过程中也经历了不少感人的故事。那一次采访，成果非常丰硕。

当然，这并非什么值得夸耀的事情。如果您将其理解为"原来如此，也就是说，采访前随随便便准备一下也没关系"的话，我会极为困扰的。我想表达的并不是这个意思。

事前准备要适可而止

不过，借着这个机会让我说句实话，我要说，仔细地看完资料，把信息事无巨细地记在脑海中，这在令人放心的同时，也会让人疏忽大意。只要问了这个、这个和这个就很完美了，没问题了。我们会陷入一种错觉，仿佛自己已经见过、采访过被采访者。或者会被已经掌握的情报吸引了注意力，而忽略我们的发现或是一些单纯朴素的疑问、惊喜。所以，事前准备要适可而止。重要的是，要掌握关于对方的最基本的、不会显得失礼的信息，同时又不能自以为已经全然了解对方，要让对方在自己心中保持一定的未知感和神秘感。

此外，尽量多关心嘉宾本人辛苦创作的作品、取得的成绩，也是打开对方心门的一种方法。无论是谁，都更喜欢听别人说"你写的那篇文章很有意思""你的演技太吸引人了"，而非是"那本杂志上的访谈很有意思"。即便是我，要是听到别人这样夸自己，恐怕在采访中也会畅所欲言吧。

还有一点。这听起来可能很像是我没看完资料就去采访的借口，但实际上，如果对嘉宾的经历、轶事了解得一清二楚，那么在采访时，就很可能会出现采访者抢答问题的情况。

"啊，那之后的第二天，你就和导演命运般地重逢了，之后一起拍摄了这部电影，是吧？"

采访者如果这样来提问的话——"什么啊，你都知道了啊。那我还有什么好说的！"嘉宾就会失去聊天的兴致。所有人都希望自己说的话能让他人觉得有意思。但这个采访者却已经知道自己接下来将要讲什么趣事。也没法再讲一次逗她发笑。那就只好简单讲两句了。嘉宾一旦产生这种想法，本来能够谈很多的话题，反而会变得无话可说。采访者看完资料，已经知道这个故事了，然而只要表现出"虽然知道，但是不太了解细节"的心理，那么嘉宾也会想"那我就给你讲讲吧"。因此，以防万一，我再强调一句，我想说的并不是"采访之前不要看资料"。

顺带一提，我当时跳着看的那部畅销小说的作者，真的以为我认认真真、仔仔细细地读了自己的作品（真的很抱歉……）在采访之后，还去问责编："阿川女士还是单身吗？我想介绍一位男性朋友给她认识认识。"——人家还为我考虑了婚姻问题。但继续聊下去，才发现对方不过才三十多岁。

"老师，实际上，阿川女士已经四十多岁（当时）了。"

多么令人感激的好事，就在一瞬间灰飞烟灭了。这是报应吗……

发挥你的观察本领

　　前文已经提到过，虽然在采访之前，我会"准备好谈话的三大要点"，但实际上，我们不能过于被它束缚。因为我们是要跟有思想、有意识的人进行见面交流，所以可能会遇到预料之外的情况。我们所预设的"按照这个、这个、这个的顺序来提问"的计划，可能会瞬间被打乱。

　　在计划被打乱时，我们应该怎么做呢？

　　这就是问题的关键。

　　在计划刚刚被打乱的时候，尽快把话题拉回原来的轨道，按照计划推进采访。这也算是一种方法。不过，在计划被打乱后，你发现现在的话题更有意思，内容也更重要，最关键的是，被采访人也兴致勃勃的。若是这样的话，就干脆顺应这个话题走势，完全转变方向。这也是一种不错的方法。根据话题的走向，若是正巧和"一开始想问的内容"有交叉重合，或者是时间、精力还允许的话，再回到最初的话题就可以了。

1997 年，我曾经采访过凭借自导自演的电影《花火》①夺得威尼斯电影节金狮奖的北野武②先生。当然，我原本是打算从《花火》获奖的话题来开始采访的。

"恭喜您获奖。夺得金狮奖之后，请问您现在是怎样一种心情呢？"

按照我的计划，我会从得奖问起，以"导演的故事"为中心，聊一聊电影拍摄的故事，问一问导演先生是怎么从一个搞笑艺人转型为导演的，在受到欧洲市场肯定之前又经历了些什么。当然，摩托车事故③的事情，我也打算在可以允许的范围内聊一聊。不过我又暗自以为，在事故发生后，导演先生花了很长时间才回到工作岗位上，

---

① 《花火》：北野武导演作品，讲述了一位警察如烟花般短暂而绚烂的人生。获得了包括威尼斯电影节金狮奖在内的十几项电影奖项及提名。

② 北野武：日本导演、演员、电视节目主持人。以搞笑艺人的身份出道，后转型为电影演员及导演，执导作品多次获得国际电影奖项及提名。参演作品有《圣诞快乐，劳伦斯先生》《大逃杀》等，执导作品有《凶暴的男人》《花火》《菊次郎的夏天》等。

③ 北野武曾在1994年驾驶重型摩托车时因滑倒而受重伤，面部神经受到损伤，休养了7个月才回归电视荧幕。

恐怕本人并不是很愿意谈起这件事情。

然而，我和导演两人坐下来，道过"请多关照"之后，年轻的助理在武先生面前放了一块湿手帕。如果这湿巾是我们采访时所在的酒店工作人员拿来的，我还不会有什么疑惑，但这却是助理从包中取出的东西。我很惊讶，便问：

"您总是会随身携带湿手帕吗？"

于是，这就成了我提出的第一个问题。武先生回答说：

"哎呀，要是没有这个，我可头疼了。"

"为什么呢？"

"因为眼睛会干。"

这其实是三年前摩托车事故中受伤留下来的后遗症。说起来，武先生在录节目的时候，也会频繁地从口袋中拿出眼药水来滴眼睛。原来如此，是留下了后遗症，眼睛干涩的时候就用湿手帕或是眼药水来缓解。

"北野武已经完蛋了"

大部分人都以为，武先生已经完全回归演艺圈，而且还当上了电影导演，工作的领域越来越广，人也是生龙活虎的。但对于当事人来说，摩托车事故的后遗症，无论是肉体上的，还是精神上的，都尚未完全消散。

"哎，原来是这样啊。"

这时候，我其实可以很轻易地把话题转回到我设计好的问题上，说一句"恭喜您夺得威尼斯电影节的金狮奖"。但我不由自主地对后遗症的恢复情况起了兴趣，印象中，我连续问了好几个诸如"是吗，眼睛干涩的话会感到疼痛吗？"或是"随时要带着湿手帕，还是挺麻烦的呢！"之类的，从某种意义上来讲相当无聊的问题。

武先生回答道："我身边的人，都以为我已经痊愈了。但是我的心其实还没有恢复。我当时还觉得，北野武已经完蛋了。"

看来要进入一个要紧的话题了。我不禁有点紧张，原本没有打算触及这么核心的话题的。这可怎么办？不过，难得武先生主动回忆起事故的情况，我再稍微多问两句吧……

话虽如此，我也并没有追根究底地去问，而不过是随着武先生的心情和叙述，"啊""哎""哎呀，是这样啊"地应和着。不过我却问得很认真。毕竟，这么难得的故事，怎么能就此放过呢？

"事故发生之前，我每次路过花店的时候从来都不会留意。在那之后，我却会停下脚步，看个不停，觉得'这朵花可真美啊'。"

"我还曾经攥着厨房里的菜刀，想要自杀。不过最终还是没有鼓起勇气。"

这，算是独家新闻吗？还是说，这是武先生身边的人都知道的故事？

我一边听着他的话，脑子里嗡嗡响个不停。一边有些不知所措，同时又在认真思考。我突然意识到，事故发生后武先生的状态，和我想要在访谈一开始就问的，电影《花火》中的某一个场景不是很像吗？

大杉涟扮演的坐轮椅的警察，失去了生活的意义，呆呆地坐在花店前看花。之后，他把花买了下来，开始写生……他对于绘画的兴趣越来越浓厚，终于重新找回了活着的意义。也就是说，《花火》其实取材自武先生自己的经历。

我原本没想到自己能问到武先生在事故后的心境，话题能从这个故事又顺利转移到电影的话题，并非因我凭借高超的技巧引导了话题走向。而是武先生自己，顺从自己的心意，在同我交谈时，碰巧聊到了电影。如果说我真的做了些什么的话，那应该就是我表现出了对"湿手帕"的兴趣，并且尽可能顺着武先生的心情，附和了他所说的话而已。

不要把采访结构划分得过于清晰

对萩原健一的采访^①，也是一个让人出乎意料的成功案例。乐队时代的明星们，现在依旧活跃在演艺圈中。有这么一个专题企划，找来曾是我青春时代偶像的乐队明星们，带着他们一边忆往昔，一边分享一路走来的烦恼、迷茫与喜悦。这个专题最后做成了一个系列访谈，也请来了昵称"小健"的萩原健一先生。

正巧是那个时候，小健全程徒步去四国岛的八十八间佛寺巡礼^②，刚刚回来。他本人对经纪人说，想要讲这个话题。

---

① 萩原健一：日本演员、歌手、乐队The Tempters成员，曾获电影旬报最佳男主角奖及日本学院奖最佳男主角奖。
② 指前往日本四国地区的八十八间寺庙巡礼，这八十八间寺庙均和佛教真言宗开山祖师空海有渊源。

"怎么办？"

我们采访团队的工作人员们多少有些不知所措。采访巡礼时的经历当然并非不可以，但如果只聊这一个话题，恐怕会跑题跑得有些远。那么，只要一开始先简短地聊两句巡礼的话题，之后再慢慢把话题引向 The Tempters 就好了。

决定按照这个节奏来进行访谈之后，我们和小健见面了。

"听说您去巡礼了。"

由这一个简单的问题，小健开始描述他那精彩的巡礼故事。

"我本来是想锻炼锻炼自己。"小健以去野餐的心情踏上了巡礼八十八间寺庙的旅途，只不过他穿的是 T 恤衫加牛仔裤。在路上，他被某间餐馆的店长呵斥道："你如果决定徒步去巡礼，就不要打扮成这个模样！"后来又被店长发现自己在喝啤酒，店长说道："我不要你的钱。"然后就把啤酒端走了，还要求他："赶紧去别格寺①，漱漱

---

① 别格寺：指地位特殊的寺院。四国除八十八所圣地外还有二十座别格寺，两者相加为一百零八，与佛教中认为人间有一百零八种烦恼的数字相同。徒步走完这一百零八处圣地、灵庙，便可消除所有人间烦恼。

口，净净身。别再喝酒了。之后再回到这里，重新出发。"

小健骂道："神经病，谁会这么认真啊。"可他的心境之后却慢慢发生了变化。他丢掉随身听、雨衣、无线电，只带着一串念珠和木杖。在路上，他和毒蛇缠斗，迷路后又原路返回，还帮助迷路的人，最惨的一次是在生日遇到暴风雨。

"出发的时候心中满是欲望，希望能找到个好女人。不过，这些愿望现在都消失了，我一个愿望也没有，全是在为别人祈福。"最终，他的心灵得到了净化。

"我第一次对自己说'干得好''小健，干得漂亮'。"

听了这个故事，我不禁开始思考。小健的这段巡礼苦行的经历，不就是他的人生吗。也正因为如此，他讲述的故事才如此打动人心。最后我们又聊了聊 The Tempters 和他的新电影，不过说句实话，这些内容完全输给了前半段的话题。

我一直把这一次采访铭记于心。

我不能自己单方面决定采访的问题结构。不能武断地认为某个话题一定很有趣，另一个话题肯定没意思。采访者如果武断地做决定，会产生多么可怕的结果。

这些，就是我这一天深刻体会到的事情。

学会推测对方的心情

观察对方，就意味着要揣摩对方现在处于什么样的心理状态。

以前，我曾在某个关于酒店服务的脱口秀上担当主持，山形县的一家温泉旅馆的老板娘曾经说过这样一段话。

热情主动地招待客人，对于服务业的人来说是基础中的基础。但实际上，来到旅馆的客人中有很大一部分人或是消沉，或是感伤，或是担心，或是焦虑。在招待这些旅客时，仅仅是"热情主动"就可以了吗？

其实不然。老板娘一直提醒自己，无论如何都要"热情主动"，用精神饱满的声音向客人们问好。没想到曾有一位客人带着十分痛苦的表情对她说："你越是热情地对我笑，我就越感到难过。我现在心里是很伤心的。"听了这句话，老板娘深刻地反省了自己。自那以后。她意识到，如果不能单凭观察就看出顾客现在是什么心情，是算不上真正地做好服务的。

我听了这番话，联想到"其实采访也是一样的"。

比如说，我去采访一位作家。他今天戴着眼罩，眼罩很碍事，眼睛又很疼，实际上他今天很想取消我的采访，不过还是勉强自己出了门。我和他见面时，如果说：

"您好，初次见面。恭喜您获得本届直木奖！"

当然，这句话也是很重要的。但是对当事人而言，现在眼睛很疼、眼罩很碍事才是占据了自己脑海的大事。如果对方度量比较大的话，可能会说："不用在意我的眼睛，咱们先聊工作。"但是，假设面前现在正坐着自己的朋友，那么见面后，看到对方戴着眼罩，脱口而出的第一句话应当是这样的：

"你的眼睛怎么了？"

这才是人与人之间交流时自然的流程。被问到的人就会当场回答："我就等着你问这个呢。你听我说啊……"但是，在进行采访工作，或是身处其他严肃正式的场合时，人们反而会避免进行这种理所应当的交流。因为见面的目的已经定好，我们会担心话题偏离既定走向，所以会避免进行正常的对话。

但是，无论话题有多么严肃。作为一个人，还是要将心比心。在进入正题之前，采访人首先要展示出自己能够感同身受眼罩所带来的痛苦。先让对方理解你的心情，观察对方的状态，才能继续向对方提问，否则，被采访人很难敞开心扉。

要明白，有的人会感到不耐烦

稍微再跑一下题。这是大概十年之前，世田谷文学馆举办"北杜夫①展"时的事情。北杜夫先生携夫人、千金出席了开幕式，先生的许多友人，以及出版界的有关人士也到了现场。偶然间，我看见夫人的腿上打着很大一片绷带。客人们都很惊讶，纷纷去问夫人："您这是怎么了？"

"其实啊，我……"

夫人害羞地一一作答，舞会也随之开始了。

"那么首先，有请今天的主角，北杜夫先生致辞。"

---

① 北杜夫（1927—2011）：日本诗人斋藤茂吉的次子，本名斋藤宗吉，日本作家、精神科医生、医学博士。代表作有《牧神的午后》《幽灵》《人工的星》等。

在主持人的催促下，先生走到话筒前，开始致辞。

"那个，首先，关于内人的腿……"

先生说到，因为前来询问情况的人实在太多，妻子只能不停地回答同样的问题。问的人和解释的人都说得精疲力竭、口干舌燥，因此"由我在这里，统一向大家进行解答"。

先生本人的个展开幕致辞的第一句话，居然是解释说明夫人的伤势，这实在是太奇怪了，我不禁笑出声来。

我为什么要讲这个故事呢？方才我提到过，看见有人带着眼罩，首先要问"您怎么了"这才叫作贴心，但同时我们也要记住，根据场合的不同，有的人会觉得这种问题很烦人。无论是什么时候，我们都要关注对方现在的心情究竟如何。一边谨慎地推测观察，一边开展对话，是极为重要的。

如果是自己的话，会怎么想

　　话虽如此，我又该如何推测对方的心情呢？具体该以什么为线索来探寻对方的内心呢？我经常会有这种疑惑。毕竟，我又不是他。

　　"我"当然不可能是对方，但是将"我"当作一个标准并非没有意义。"如果是我的话，这种时候会怎么想呢？""如果是我的话，肯定会哭出来。"

　　不能以为只要和自己看法相同的就是"正确的"或者"理所应当的"，看清眼前的人和"我"究竟有何不同，差别是大还是小，并以此为标准来提问，是采访时的一种有效手段。

　　比如，如果对方说："我第一次想要进入社会开始工作，是在七岁的时候。"我会在一瞬间联想到自己七岁时的事情，自己七岁时在想些什么，在感受些什么。难以置信，我还在沉迷于踢毽子的时候，为什么这个人会产生"想要尽早工作"这种成熟的想法呢？是什么迫使他产生这样的想法？我把对方和天真烂漫的自己相比较，脑海中就涌现出了无数的问题。时代背景、家庭环境、经济状况，正因为和自己不一样，才会产生许多疑问，也正因为和自己不同，才不能以自己为尺度进行判断。但是，无论是喜是悲，是苦是甜，虽然经历不同，也一定能找到让彼此产生共鸣的地方。哪怕两个人的思维模式、行为举止都不同，也一定有着经历相似的地方。这样，我就能对对方产生更深刻的理解，产生更浓厚的兴趣。

我采访摔跤选手浜口京子[①]时，是在她参加雅典奥运会之后不久。那次的半决赛发生了一起事故，电子显示屏没有正确显示分数，浜口选手以为要进入延长赛，结果裁判却判定自己输了。最终，她在季军争夺赛中获胜，赢得了铜牌。这次的采访，我把重心集中在这个难以理解的判决上。那个瞬间，浜口选手想了些什么呢？是难过，还是后悔？她是否流泪了？有没有自暴自弃的念头？最

---

① 浜口京子：日本女子自由摔跤运动员，号称"黑铁塔""摔跤女皇"。连续获得第二十一届到第二十七届摔跤世锦赛女子七十二公斤级金牌。

重要的是，她是如何在季军争夺赛之前调整好心态的呢？

"我这种性格的人，要是遇到那种事情，肯定又悔又气，还会拿身边的教练、训练员出气。说不定还会因为不想参加当天的季军争夺赛而瞎胡闹一通。毕竟无论是体力还是精力，都被耗尽了。"

我是这样想的。但是实际上，浜口选手在那个瞬间，大脑一片空白，完全没能明白现在发生了什么。总之先找裁判员抗议，但却没人理睬，只得先行离场。回到奥运村后，虽然心里明白六个小时之后就是季军争夺赛，自己必须尽快调整好情绪，但是又无法摆脱"为什么会遇到这种事"的混乱思绪。于是，她拿出手机，给家人打了个电话。

"母亲接了电话，对我说：'你可是拿了世界（锦标赛）金牌的人，提起精神去比赛吧！'听了母亲的话，我清醒了过来。母亲说得没错，现在还没到泄气的时候。"

她的母亲还说："我从来没要求你一定要赢，对吧？不过，你一定要赢下这一场，一定要拿下铜牌。"还夸奖女儿说，"你已经做得很好了。"就这一句话，原本大脑一片空白、哭都哭不出来的浜口选手终于落下泪来，回到赛场的时候："啊，我还可以继续比赛！好开心！我已经完全恢复了精神，甚至都快要笑出来了。"

听完她的讲述，我一边抹去盈眶的泪水，一边感慨万千。

高尔夫教会我的东西

又要换一个话题了。我现在很爱打高尔夫。在我过五十岁生日前的一周，同事约我一起去打高尔夫，如今我已经非常沉迷，我自己和亲戚朋友都没想到，我居然会这么喜欢打高尔夫，甚至都有点头疼了。正所谓是"活到老，学到老"。虽然我到现在既没有结婚[①]，也没有孩子（这可说不好，我可是以小林幸子[②]为目标的！），但是有了高尔夫，我想自己老了之后应该不会太寂寞。

这些暂且不提，因为最近喜爱打高尔夫，故而愈加想要打得更好一些。努力练习之后，我终于在几年前把最好成绩提到了九十五杆。

"哎呀，我现在变得很厉害了嘛。"

[①] 本书作者阿川佐和子直到2017年六十二岁时才第一次结婚，对象是庆应义塾大学的一位退休教授。

[②] 小林幸子：日本著名歌手，代表作有《雪泣夜》《楼兰》等，于五十七岁第一次结婚。歌曲《幸福》曾被翻唱为中文歌曲《伤心太平洋》。小林幸子本人也曾因演唱二次元歌曲、VOCALOID系歌曲而备受年轻人喜爱。

　　我有些得意起来，两周之后，我和另外两位女性朋友一起打了场十八洞。其中一位是早就认识的好朋友，另一位是初次见面的夫人。

　　"请多关照！"

　　我兴高采烈地打了招呼，开始打球。我脑海中想象，大家会不会惊讶于我的技术，夸我："哎呀，阿川女士真的好会打啊！"然后挥出球杆，在打中间的某个洞时，球从山崖上掉了下去，为了把球打出来，我多花了五杆。好不容易把球打出来，球又掉进了沙坑里，为了把球打出沙坑，又多花了两杆。把球打上果岭①之后，推了三杆。打一个洞，我居然花了十一杆！其他两个人早就打过了这个洞，把我远远地抛在了身后。我又羞又悔，只好口中说着"不好意思，让你们久等了"，脸上也不由得抽搐起来。接下来的两个洞也推得很不顺利，总是失误。那天，光是前九洞打下来，我就花了七十二杆，真是面上无光。

　　上上周刚刚打出九十五杆最好成绩的我，为什么会打得这么烂……每一杆没打好，都会让我烦躁不已，或是嘴上嘟囔着"哎呀，为什么刚才没换根杆子啊"，或是心里念叨着"球童怎么不早点告诉我刚刚那个果岭前面有

---

① 果岭：高尔夫球运动中的一个术语。指球洞所在的草坪，果岭的草短、平滑，有助于推球。

沙坑啊"，把自己的过错推到球童头上。

那一天，等我把十八洞全部打完，回到更衣室的时候，当天初次见面的年轻太太，用严厉的目光看着我说：

"阿川女士，你也太慢了！"

京子的笑容

我终于清醒过来。真是丢人。这位太太想必是把我抱怨个不停、乱发脾气的模样原原本本看在眼里了。这也是肯定的，毕竟我的表情难看到任谁一看都知道我心情不好。

"如果真的想要进步的话，就不要因为失败而拖拖拉拉的。赶紧忘掉刚才的事情，调整好自己的情绪。"

她这样告诉我。

直到现在，每当打高尔夫球的时候，我都会想起这句话。好，今天也不要拖拖拉拉的！我会铭记于心的。与此同时，我还会回想起浜口京子的笑容。

她和我打高尔夫的情况完全不同。赛场上的事故根本是因为他人的过错，导致她与金牌、银牌失之交臂，可她却没有心怀怨恨，也没有沉湎于失败，而是因为母亲的话语振作起来，意识到现在还不是消沉的时候。而在下一场比赛中，也没有怒视裁判，发泄怒火，而是满面春风地回到了平常的状态，毕竟"能够在场上比赛，让我开心得不能自已"。

对啊，今天阳光如此明媚，我能够和朋友们一起打高尔夫，是多么的幸福啊！

每当球落在沙坑里，挥了好几杆也打不出来的时候，我总会哭丧着脸，回想起浜口京子的笑容。

应答时不要敷衍了事

　　浜口京子选手还提到了一句话，也深深地打动了我的心。那是京子的母亲说的一句话。如果我是一位母亲，在自己的孩子像京子一样茫然无措之时，我会对她说些什么呢？如果说"别放在心上"这类话，孩子可能会反驳我："又不是发生在妈妈身上，妈妈才能这么说，事情哪有那么简单！什么都不懂就不要随便说了！"如果我拍拍她的肩，说"加油吧"，孩子可能反而会发火："我已经够努力的了！别拿这种话来敷衍我！"

　　哎呀，我可真的是找不出什么合适的话可以说。

　　想到这里，我不禁又想，为什么京子的妈妈会说出"那句话"来呢？京子妈妈的话，为什么会触动京子的心灵呢？我一直以为这是一个像中彩票一样难以解决的问题，因此听了京子妈妈的话，不禁想要拍手叫好。

不过，这一点，一定是非常了解彼此，对对方抱有深深的爱意才能够做到的。

这不仅只有在亲人之间才能做到。在采访时也经常听说，嘉宾在人生陷入苦难之时，听见了一句拯救自己的话。

我曾经同人称"不良教师"的义家弘介①先生见过一面。他费尽千辛万苦才从不良少年的路上改邪归正，决定今后要认认真真地在社会上生活下去。然而在他刚刚开始努力学习之时，就遇到了一场摩托车事故。在他徘徊于生死之间，自暴自弃地认为自己"果真无药可救"的时候，高中时的恩师安达俊子②老师前来探望他，对着意识不清的"不良教师"说道：

"你不要死。我的梦想都寄托在你身上了啊。"

就因为这一句话，"不良教师"重新拾起了求生欲望。

这并非是经过千思百虑才说出口的一句话。但是，在那个瞬间，恩师安达老师为什么会说出这句话呢？这句话又在"不良教师"的心中产生了怎样的回响呢？在奇

---

① 义家弘介：日本政治家，教育家，文部科学省副大臣。

② 安达俊子：日本教育家，曾任北星学园余市高中教师，青少年自立援助中心"VIVA HOUSE"法人代表。

迹般的话语的作用下，我开始想象两人在病房中相对而视的场景，不禁呜呜地哭出声来。

采访者过于投入情绪，也有不好的地方。不过有些时候，听了对方的讲述，想象当时的场景，会有一种自己变成了对方，变成了当时自己在场的错觉，便会有新的发现、新的理解、新的疑问。

然而，即便我能够把自己想象成对方，即便我把对方的经历和自己的过去相对照并因此感动不已，我也不敢说："我已经完全理解你的感受了。嗯，很懂很懂。"因为，我并没有和对方经历完全相同的事情，所以是不可能完全理解的。

我总是反思，如果敷衍了事地应付对方，对方一定会非常扫兴，因为你的敷衍了事毫无意义。那些被"真心话"打动的人们，会迅速察觉到"你这个人，压根儿什么都不懂"的敷衍。如果你对这些话没有深刻的理解，是不会被对方所信任的。

人生中，某人的一句话可能会有非常大的影响力，想到这一点，我在采访时就会格外留意，对于每一次的应和，都要百分百地用心。

第二章 倾听的奥秘

要认识到对话是即兴表演

那是某次我同笑福亭鹤瓶①先生一起参加电视节目时发生的事。那期节目的主题是"想要留给一百年后的日本的事物"。我负责主持，鹤瓶先生则是嘉宾。鹤瓶先生想要留给百年后日本的事物，是"公共澡堂"。

鹤瓶先生的童年，是在关西度过的。据鹤瓶先生说，公共澡堂是一个绝佳的游乐场。与其说是小孩子喜欢去澡堂，不如说是大阪的妈妈们喜欢让孩子去那里。妈妈们觉得小孩子太有精神，在家里玩闹很烦人，可若是让他们去太远的地方玩，又怕孩子会像断了线的风筝一样走丢了。于是，妈妈们会给孩子一些零钱，对他们说"你

---

① 笑福亭鹤瓶：原名骏河学，日本落语家、搞笑艺人、演员、歌手、主持人。

们去澡堂玩吧"。孩子们跑到澡堂，在门口付了钱，就光着屁股绕着宽敞的澡池子跑来跑去，一直玩到太阳下山还不记得回家。

孩子们绕着澡池子跑着的时候，大人们也会来澡堂洗澡。老爷爷们一边听着孩子们欢闹的声音，一边泡着暖烘烘的热水澡。泡着泡着，老爷爷的身边漂上来了一个什么东西。

"这是个什么呀？"

有个孩子发现了什么："咦，这是便便吗？这是便便呀，便便！"

孩子们悄咪咪地说着，咯咯咯地笑着，然后大家一块儿跑到门口告状。

"不好啦，不好啦！老爷爷在澡池子里大便啦！"

坐在门口的老板沉默地站起身来，拿起身边那个带有细长手柄的木桶，走进澡堂，把木桶伸进澡池子里，利落地捞起大便，丢进沐浴间，往上面浇了好几次热水，把大便冲走。最后，老板回头瞪着一直跟在自己身后的孩子们，怒道：

"谁也不准说，听到了吗！"

老板骂完这一句，便若无其事地走回门口去了。

鹤瓶先生把这段故事讲得非常漂亮。我听了之后很兴奋，脑海中浮现出了过去公共澡堂的模样。孩子们的表情，嬉笑吵闹的声响，澡堂老板苦着一张脸，仿佛吃了苍蝇一般，老爷爷出神发呆的脸……我想到了很多很多，感受到了大阪的澡堂中曾经有过的那份闲适美好。真是一个好故事啊。

阿川要和人吵架了

我还想让鹤瓶先生多聊几句公共澡堂的美好，正在思考下一个问题要问什么的时候，摄像机突然停了，从副控室走出来一位工作人员。

"那个，这个话题就聊到这里。接下来请向鹤瓶老师提关于'祓禊①'的问题。请鹤瓶老师讲一下'祓禊'对日本人而言有怎样的含义。"

我震惊了，这是怎么回事啊？好不容易大家聊得这么开心，接下来我正要继续追问公共澡堂的好处呢，干吗要突然插入一个这么高深难懂的话题啊？我完全无法理解。

"这个话题走向也太奇怪了吧？"

我生气了，摆出了一副打算大吵一架的架势，板起脸

---

① 祓禊：原为中国古代民俗，指春季上巳日在水边举行祭礼，洗濯去垢，消除不祥的行为。

来、吊高声音，现场的气氛眼看就要僵硬起来了。

"可是，阿川女士，肯定要问一下'袯褉'的问题啊。最近，政治家们张口闭口就是'袯褉'，都想借这一个词把问题全都一笔勾销。我们想知道鹤瓶老师对此有什么看法。"

"按照现在的话题走向，我没法问鹤瓶先生这个问题。"

我和对方争论了几句，原本一脸尴尬地听着我们对吵的鹤瓶先生开了口："哎，也没什么不好嘛，毕竟访谈是活的嘛。"

多亏了鹤瓶先生这句话，我没吵到和人动起手来。局面得以收拾，真的是万分感激鹤瓶先生。但是之后，究竟有没有问"袯褉"的问题，我又是怎么做的，我却全然没有印象了。唯一记得的就是，自己发了一通火，以及鹤瓶先生那句"访谈是活的"。

原来是这样啊，原来访谈、对话是即兴表演啊。

我如今仍旧会想起这句话。就像我之前提到过的那样，想要在访谈中问出有价值的东西，于是我过去会条条框框地列好了要问什么，可实际开始访谈之后，事情是不会按照你安排好的轨迹来发展的。基本上每一次都会发生预想以外的事情。但也正因为如此，访谈是十分有趣的。这和音乐、戏剧是一个道理。为什么古典音乐的每一个音符明明都是固定的，大家却永远都听不腻呢？为什么同一个演员演出的同一部戏，观众会高高兴兴地反复观看呢？这是因为，每一天的经历都不同。根据当天的心情、身体状况、观众的反响，演出者会奉上连自己都觉得惊艳的不同表演。

做饭也是一样。经常去某家餐馆的常客，点了一道吃过无数次的菜，可能会说这么一句话："主厨今天早上和夫人吵架了吗？"

客人通过这句话暗指菜中的盐放的量不对。人的大脑，能够对这些极为细小的变化做出反应。但这位常客并不会因此就不再来这家店。因为，下次再来的时候，肯定还能够尝到不一样的味道。

如果追求"永远是一样的，永远是最好的"演奏、戏剧或是菜品的话，交给电脑或是机器人去做就好了。之所以没有人会这样想，是因为人类的各种技艺充满着吸引人的魅力。而更为本质的原因，则在于我们想要感受人类的多变。

访谈更是如此，它没有乐谱或是剧本。没有人能够预料到采访者和倾诉者之间会产生什么样的化学反应，会酝酿出怎样的氛围。我个人也是，比起按照我的预想推进的采访，那些出乎我预料的访谈更能让我感到满足。

"哎？真没想到他会对我说这些。"

访谈结束之后，我曾经对同事们说过好几次类似的话。

黑柳彻子①女士也曾参加过我采访鹤瓶先生的那档节目。

黑柳女士想要留给百年之后的日本的事物，是千代纸②。黑柳女士用她那独特的语速和充满魅力的音色，为我们讲述了自己少女时代的故事。战时，她曾在防空洞中裹着黑纸的电灯泡下，摊开自己收藏的色彩斑斓的千代纸，看得着了迷。

"那个时候可没有什么色彩可言。只有千代纸，又鲜艳、又好看，是我最喜欢的东西。"

我听了黑柳女士的话，突然想到了什么。

"您在看着五颜六色的千代纸的时候，有想过自己长大之后要从事什么职业吗？"

黑柳女士听了我的话，轻轻地叹了一口气：

① 黑柳彻子：日本著名作家、电视节目主持人、联合国儿童基金会亲善大使、社会福利法人小豆豆基金理事长、日本文学俱乐部会员、世界自然保护基金日本理事。代表作有《窗边的小豆豆》《彻了的房间》。
② 千代纸：一种印有斑斓图样的方形彩纸。

"我小时候，想要当一个间谍。"

"什么？"我瞪大了眼睛。我还以为，她那么喜欢鲜艳的东西，肯定想成为服装设计师啊、和服制作师或是画家之类的，从事和颜色有关的工作。完全没想到她会这样回答。

我问她："为什么呢？"

"因为，我想去外国呀。如果是能够到外国去一展身手的工作，我觉得国际间谍还是很不错的。但我从没跟任何人提起过。毕竟当时还在打仗。我只对一个人，只对我小学时喜欢的男生说了。告诉他，我想要当一个国际间谍。"

"然后呢？"

"然后他啊，他是个很聪明的孩子。他这么对我说：'话太多的人，当不了间谍的。'"

这又是一个我想都没想过的答案。和千代纸一丁点儿关系都没有的答案。但是，黑柳女士向我分享了一个非常有趣的回忆。

开动脑筋去思考

对话是即兴的，所以不必刻意去安排话题。越没有计划的对话，就会越有意思。

可能有人会想：那么对话前我们什么都不用准备了？实际上并非如此。我们至少要给大脑做好"热身运动"。

比如说，今天在采访的时候，要"询问关于对方父亲的话题"。按照常理来思考，我们可以很轻易地列出如下问题：

令尊是什么样的人？

令尊从事什么职业？

您和令尊有什么美好的回忆吗？

令尊是否训斥过您呢？最严厉的一次是什么时

候呢？

您是否讨厌过令尊呢？那是什么时候的事情呢？

令尊对您的教导中，令您印象最深刻的是什么呢？

令尊和令堂，您更怕谁呢？

您最感谢令尊的是什么呢？

您最近和令尊聊了些什么呢？平时会一起喝酒吗？

这样的问题，我们能想出很多。被采访者恐怕在知道今天的采访是以父亲为主题的时候，也会轻轻打开大脑中关于父亲的抽屉，取出其中收藏的回忆。也会设想一下自己在被问到某些问题的时候，应该怎样回答。

这一切的构思，都算是大脑的"热身运动"。也就是说，双方都起码应该知道，自己需要打开的是哪一个抽屉，这样，对话才能够进行得比较顺利。

"嗯……问我有什么回忆啊。和父亲在一起的时候，好像没有什么特别开心的回忆。"

虽然觉得没有什么值得一提的事情，不过在和采访者一同翻看"父亲的抽屉"时，可能会在不经意间发现一些宝贵的回忆："咦？原来还发生过这种事情，我都不记得了。"那是一些如果不去努力翻看就找不到的回忆。有时候，你还会发现一些令你惊讶的事物："为什么这个东西会放在这里啊？"有时候你还会发现："怎么在父亲的抽屉里，还放有和曾经的恋人一起度过的回忆啊，放错了吧？"这些回忆，对于采访者而言是不能错过的。因为，这都是些连当事人都会感到惊奇的事情。

有时我也会接受别人的采访。如果对方提前告诉我采访的主题，我会在见面之前，准备一下大概要讲什么内容，不过有时在采访者的引导之下，我会想起一些快要忘记的回忆，比如一些自己都惊叹"当时还发生过那些事情呢"的事情。通过聊天，我才意识到自己当时可能喜欢过什么，有些事情说出口之后，才能在大脑中得到整理。

鹤瓶先生告诉我"对话是即兴的"，也包含了这样一层含义。正因为谈话是人与人之间的交流，所以才无法准确预测到话题的走向，也无法预料自己会在谈话中回忆起什么事情。我们的思维可能会被当时的心情、房间内的氛围、微风、阳光左右。被采访者可能会因为采访者某个不经意间的反应回想起什么。采访者和被采访者一同踏上探寻记忆的旅途，若即若离，偶尔提供一些帮助就好。最后，你可能会挖掘出一些意外的发现，这也是作为采访者的乐趣所在。

在对话偏离主题时如何言归正传

　　虽然在前面我们说到"对话是即兴的"，但这并不意味着思维可以跑题，偏离轨道。在小酒馆里，朋友们醉成一团、开开心心地喝酒聊天，很有可能聊到最后，已经和最开始的话题风马牛不相及，大家到最后都不知道自己究竟在聊些什么（当然，肯定也有一些故事哪怕是聊得驴唇不对马嘴，也很有意思）。但至少在进行采访的工作时，我们是不能完全无视采访的基本方向的。虽然在个别情况下，不按采访的既定安排来照做也是允许的，不过一旦出现了"这次必须按照安排来"的情况，那我们又该如何把话题引回正轨呢？

　　老实说，并没有什么绝对的方法。无计可施的情况也并不少见。这种情况下确实是没有办法的。我也曾经有几次，不得不放弃原本的安排。

等一下，为了预防类似情况发生，我们需要做出一些反抗。

首先，我们需要认真倾听那些"偏离正轨的话"，仔仔细细听一遍，享受到最后。为什么我要这样说，是因为这些偏离正轨的发言，有可能会引出我们意想不到的有趣故事。即便你感觉之后可能不会出现什么有意思的故事，也要努力地在那些话语中寻找和你想要询问的内容相关的字眼。相关的字眼肯定会出现的。

例如："我啊，很崇拜某个朋友的老爸。朋友的老爸开了一家拳击俱乐部，力气很大，特别帅气。然后，那个叔叔有个好朋友。那个朋友以前是个拳击手，据说以前在我们那地方还挺出名的。"我本来想问一些和嘉宾本人相关的话题，结果他却讲到了朋友的父亲，甚至聊到朋友的父亲的朋友身上去了。我心里嘀咕，他到底想要讲多少这些和自己毫无关系的事情啊，嘴上还是不断附和着。然后呢？

"那个原来当过拳击手的叔叔，有一次对我说过这么一句话：'你啊，我告诉你，人生当中最重要的就是，哪怕跌倒了七次，也要学会爬起来第八次。'当时，我的第七张单曲刚刚发行了没多久，我满心以为这次一定能大火一把，听了这话差点没气死。你这老头子什么意思啊，瞎说什么鬼话！果不其然，那张单曲完全没卖出去。"

就在这时，我猛地意识到：

"这是什么时候发生的事情呢？"

"我相信，差不多是五六年前的事情了吧。我当时还决定如果这张单曲卖不出去，我就隐退，不当歌手了。"

我确实有点印象，五六年前大街小巷都在流传着他要隐退的消息。

"我是真的下了决心的。不过那个叔叔的话让我心里很在意。我当时想，那我就再爬起来一次，如果还是不行，那我就真的放弃。"

结果，他的第八张单曲一夜之间红遍了大江南北。

"如果没有那位拳击手叔叔的话，您可能真的退出歌坛了呢。"

"是啊。不过那个叔叔，在我推出第八张单曲之前就去世了。"

最开始让人以为没什么关系的话题，很可能就像这样不经意间和访谈的主题关联起来。因此，我们不要认为无关的话题都毫无意义，认真倾听对方的讲述更为重要。我们需要谨记，第一眼看上去毫无意义的话题中，可能会出现一些关键的词汇字眼，不要疏忽大意，一定要侧耳倾听。

顺带一提，这个歌手的故事是我编造的。还请各位读者不要追究这位歌手究竟是谁了。毕竟这只不过是一个类比罢了。

然后呢，对了，我有时可能会十分突然并一本正经地询问对方一些极难开口的问题，比如："为什么您会做出那件事情呢？"实际上，作为采访者的我内心也是十分紧张的。不过，如果能够巧妙地把握时机，趁嘉宾不注意时问出这些问题，对方可能会说"哎呀，那件事情是因为……"从而做出回答。但是在这之前，我们必须要和被采访者建立起相互信任的关系。这个采访者是否真正地尊重自己？他一开始不是打算来批判我的吗？他究竟是敌是友？事实上，每一个人对于接近自己、想要对自己刨根问底的人都是十分戒备的。

"不，并不是这样。虽然我不敢肯定自己是你的朋友，但我并非是想要批判你，或是揭发什么丑闻。我只是想从你口中问出关于你的故事。"

虽然我们采访者并没有打算摆出检察官似的严厉姿态来"审讯"对方，不过我们有时也必须开口问一些难以启齿的话题。采访者如果不能彻底打消对方的戒备，不能满怀诚意地同对方接触，是无法获得真实的回答的。

说得简单一点，就是和对方构筑起相互信任的关系，

"不好意思。这件事可以待会儿再讲，咱们先聊回刚才那个话题吧。"

哪怕是说得这么直截了当，被采访者有时也会表示原谅。

"诚如您所说的那样"

还有一种更加敷衍的"引回正题的方法"，不，这与其说是"引回正题的方法"，不如说是"插入提问和发言的方法"更为合适，它能够帮助我们掌握对方的节奏。

我在辩论型电视节目《北野武的 TV Tackle》中时常会使用一个方法。如果对方在发言时一气呵成、毫无停顿，你感觉已经无法阻止他了。这个时候，就先听一听对方都在讲些什么。对方的话快要告一段落的时候，一般而言大家都会缓一口气。必须先呼一口气，再吸一口气。我们就要抓住这转瞬即逝的好机会：

"那么，三宅（久之）[①] 先生是怎么看的呢？"

把话语权转交给其他想要发言的嘉宾。如果插入得

---

① 　三宅久之：以保守著称的日本政治评论家。

太早了，被我们打断发言的嘉宾的心情多少会受到影响，所以这时候一定要仔细揣摩时机和对方发言的内容。

在同一档节目中，我曾经见到有一位嘉宾，因为总是找不到机会发表意见，于是以一个非常巧妙的方式抢到了话语权，不禁深感钦佩。

因为其他嘉宾在发言时一直说个没完，这位嘉宾便不断寻找机会，终于让他找到了一个间隙：

"诚如大竹（真）① 先生所说。"

他首先大声地向对方表达敬意，声明自己赞同对方的意见。获得赞同的人则会出现一瞬间的疏忽——"我说得没错吧"，自己的意见得到了肯定，任谁都不会感到不快。抓住这一瞬间的机会，下一位发言者开口了：

"虽然诚如您所说……"并由此开始反驳上一位嘉宾的观点。我不禁猛拍大腿，原来在多人讨论、情况复杂时，还能用这种方法来争夺发言权啊！

虽然我作为主持人，还从未实际尝试过这种方法，不过我还是时常会在各种访谈中，不限于电视访谈，观察对方的呼吸和换气的时机。对方是否聊得很开心，是否在勉强自己继续，是否话中有话，是否想要尽快作结，

---

① 大竹真：日本演员，曾参演《八甲田山》《永别了爱人》。

抑或他已经无话可说却还是在继续张口……这些通过观察对方的一呼一吸，是多少可以推测出来的。对方内心的想法，也会成为提问时措辞的衡量尺度。

所以，在把话题引回正轨时，如果方法过于直接强硬，可能难以取得好效果。我们要努力在对话时，在对方不知不觉中，将话题引导回我们期望的方向，这便是再好不过的了。

让所有人都开心的方法

就像我在最初提及的那样，直到如今，我在进行采访时还是会感到紧张、害怕。万一在采访过程中惹得对方不高兴了、生气了可怎么办？就算访谈能够顺利进行，可万一内容不够有趣，让读者觉得无聊了可怎么办？开始访谈之后，万一嘉宾说着说着就变得无话可说、闭口不谈的话，我的大脑就会乱作一团，翻来覆去地思考"是不是差不多该换个话题了""要不要再问一遍刚刚那个话题？""不不不，这个问题还是再多问两句吧"。同时，我脑海中的试错过程一丁点儿也不能显露在脸上，我需要沉着冷静、面带微笑地继续进行访谈。

时常会有人这么对我说："阿川女士每次采访的时候看起来总是很开心，肯定不会积攒什么压力吧？"话虽如此，但事实并非这样。虽然我看起来很轻松，心里其实很痛苦。

刚开始《周刊文春》的访谈不过一个月的时候，我的脖子变得十分僵硬，肩膀也僵得不能动弹，连心情也好不起来。我很奇怪，这究竟是怎么了呢？以前我也曾经好几次受到肩周炎的折磨，不过基本上都是因为用电脑的时间过长。可那阵子，我没有多少需要写稿子的工作，并没有一天到晚窝在电脑面前，也没有不眠不休地做什么会让肩周炎发作的事情呀。究竟是怎么了呢？最后，我猛然间意识到：

"对了，一定是因为做采访。"

每一次采访大概需要两个小时左右。其间，我因为过于紧张，身体、双眼都僵得硬邦邦的，肩膀会这么酸痛，只有这么一个原因了。

"采访的时候太紧张了，肩膀又酸又痛的……"

我装作若无其事地对访谈团队的同事们说了这些话，然而，没有任何一个人来关心我。不仅如此，他们全都不当一回事似的对我说："过阵子你就习惯了。"真是冷漠啊。明明我是真的很难受的。但过了一阵子之后，我确实习惯了起来。至少我的肩膀和脖子不会再像一开始那样疼了。

但我依然会因为采访过程中一些细微的事情或喜或忧。

比如说，一起出门采访的结构编辑 ① 或者责任编辑面对采访面无波澜，全场一片寂静，我就会立刻开始担忧起来。"哎呀，他们肯定觉得我的采访非常无聊。"

在采访的时候，结构编辑、责任编辑、摄像师，有时还有速记员（近来，速记员会一同采访的情况比较少）会在场，在这些阿川团队的成员之外，被采访者的经纪人、唱片公司的工作人员、电影公司的宣传人员，或是嘉宾的责任编辑等嘉宾团队的成员们，在采访的两个小时之内基本上会一言不发地听着我和嘉宾的对话。换句话说，他们就像是脱口秀的观众一样。如此一来，我就会十分在意观众们的动向。不过，从另一个角度来说，若是他们在聆听访谈时，能够不时发出咯咯的笑声，或是轻哼一声，表示赞同，那么采访的气氛便会瞬间变得活泼起来。

不仅是嘉宾，采访者也经常得到这些观众的帮助。

我在采访职业高尔夫选手尾崎将司 ② 时，曾经造访过他的家。尾崎先生说自己不太习惯接受采访，是他的夫

---

① 结构编辑：负责调整采访、报道的行文结构，删减内容的编辑。
② 尾崎将司：日本著名高尔夫运动员，代表日本参与多个大型高尔夫赛事，并取得优异成绩，于2011年入选世界高尔夫名人堂。

人帮我们说服了他。虽然多亏了夫人，我才能有机会采访尾崎先生，不过尾崎先生本人，直到采访当天看起来仍旧兴致不高。

"哦哦，你们来了啊。"

尾崎先生虽然向我们打了招呼，不过他那魁梧的身材、强大的气场，都令我有些畏缩。

我那时候还不会打高尔夫，对于职业赛事也没什么兴趣，因此很担心会不会被他发现我不过是"临阵磨枪，不快不光"，也怕自己问不出什么有意思的故事。在尾崎先生面前坐下后，我开始提问。我的每一个幼稚的问题，尾崎先生都想尽办法作答。他的声音充满魄力，在我听来却有一些可爱。尾崎先生解释自己在国外打出的成绩并不理想，是因为"谁让他们说的话我都听不懂嘛！"他的语气太过幽默，阿川团队的成员们听了都不禁放声大笑。

"我讲话那么好笑吗？"

身材魁梧的尾崎先生睁大自己像个孩子一般的可爱双眸，反问我们。

"非常好笑，非常非常好笑！"

应该就是从这个时候开始，尾崎先生聊得越发开心了起来。也多亏了这，我没有被骂"明明压根儿不懂高尔夫，还问这些半吊子的问题！"采访的最后，尾崎先生还带我们看了他珍藏的大量红酒，我们的心情也变得轻松愉快起来。

参与采访的不仅只有采访者，在场的所有人都是采访中的一员。大家一起倾听嘉宾的讲述，充分享受着采访的过程。嘉宾在意识到这一点之后也会感到高兴。我在接受采访的时候也总是会有类似的感觉。如果摄像师或是摄像师身边的年轻助手都忍俊不禁地笑出声来，我也会不由得十分开怀。

在这一点上，我长期的工作伙伴柴口育子女士总是十分赏光。在采访时，如果看到她一脸困倦，我就知道现在采访的内容恐怕相当无趣，应该换一个话题。柴口女士的反应已经成了我采访时的一个参考坐标了。

"原来是这样呀，阿川女士。不过，这些情况，对于以采访为工作的阿川女士来说可能经常遇到，不过对于过着平凡生活的我们恐怕起不到什么参考作用。"也许有读者会这样想。但我却并不这么认为。这些情况在极为平凡的日常生活中，也是会经常出现的。

在公司的联欢会、企划展示会、熟人朋友的婚礼、欢迎会或欢送会上，这种发言或是倾听的技巧都用得到。

"在这么多人面前，我能讲好吗？"

发言的人，一定会紧张得心脏怦怦跳吧。

"这个人，打算说些什么呢……"

听别人发言的人，也会关注着发言人的一举一动。

在充满紧张感的环境中，如果倾听者不仅仅只是沉默地聆听，而是时而颔首、时而欢笑、时而窃喜，那么发言人的思路会愈加流畅、双眸会愈加闪亮、状态也会越来越好。

"大家觉得我讲的话很有意思。大家认真地听我说话，还做出了回应。"

在意识到这一点之后，人们就会更加容易开口。

当然，在觉得话题确实无聊的时候，也没有必要勉强自己笑出来。不过，一旦你感到"有趣"，还请你通过表情、态度将你的欣赏传达给对方。哪怕仅仅是看到倾听者十分细微的反应，讲话人讲述的内容都会发生很大的变化。

鹤瓶先生的"肮脏的故事"

在采访鹤瓶先生时，我就遇到过类似的事情。

鹤瓶先生无疑是一位极具服务精神的说书人，在采访时，他一个接一个地讲述了很多有趣的故事和自己的经历，采访团队都乐呵呵地笑个不停。唯有那位女性速记员，由始至终都面无表情，毫无反应。她戴着耳机，录着音，在笔记本上把对话的一言一语、每字每句都毫无遗漏地记录下来，就像是在参加速记大赛一样，非常认真。

她的笔记本上写着很多阿拉伯数字一样的文字。那些都是速记中使用的暗号。比方说，"我"可能就是一个由左下向右上画的斜线，"认为"可能就是一条短短的竖线（当然，我并不知道这两个词实际上应该怎么写）。通过这些简单的符号将对话全部记录下来，就是速记员的工作。

"真是辛苦啊。"

即便我们在看到速记笔记后发出感慨，大多数速记员也只会害羞地笑一笑，实在是谦虚。他们总是十分安静，仿佛说话的欲望在出生之前就已经被抛弃了，高雅而富有内涵。

但是这位不爱说话的速记员，却有一瞬间做出了不寻常的反应。

鹤瓶先生讲起自己有一次想上厕所，怎么忍也忍不住，就跑到公园里的公共厕所去了，好不容易找到了厕所，他蹲下身来，解决问题之后，才发现，身边竟然没有厕纸！这下可麻烦了。

"我真是没有办法了。于是啊，就用手上带着的木工手套……"

正在鹤瓶先生活灵活现地给我们表演的时候，那位安静的速记员女士，突然：

"真脏！"

她小声、清晰而满怀不快地吐出这句话。

我们不禁回头看向她。鹤瓶先生当然也注意到了。大家瞪大了眼睛，然后哄堂大笑。向来处变不惊的速记员居然开口表达意见了，说明这个故事真的太令人震惊了。

在我们之中最为高兴的，恐怕还是鹤瓶先生了。这之后，鹤瓶先生兴致变得很高，回去时的心情也是好得不得了。

直到最后都不要放弃

我永远无法忘记在采访第五代落语大师柳家小灿①老师时的经历。

那天，老师在采访之前的一个工作结束得比预期要早，于是通过助理联络我们："阿川女士的采访，提前三十分钟开始吧。"

我们采访团队的成员们，通常会在采访开始前两个小时集合，做一下准备，或是商讨当天采访时的策略，或是一起吃顿饭，或是研究一下下期采访该请谁做嘉宾。那天老师突然联系我们的时候，大家正在开会，于是只

———————

① 柳家小灿：原名为"五代目柳家小さん"，小灿为音译。本名小林盛夫，日本落语家、剑道家。是第一位被认定为人类国宝的落语家。

得急急忙忙地出发前往采访地点所在的酒店。

一般来说，我们会在距离采访地点较近的地方做准备，可偏偏那一天我们都在文春的编辑部，从编辑部出发到酒店需要二十分钟的车程。我们慌慌张张地跑出文春的大楼，驾车前往酒店，没想到路上居然堵得水泄不通，车子塞在路上，丝毫动弹不得。这下完了，这可怎么办？不过，毕竟变更后的时间比最初约定好的时间要提前了不少，这也是没办法的事。

于是，等我们赶到老师所在的酒店房间时，已经比变更后的时间迟了二十分钟。

"非常抱歉，让您久等了。"

我们冲进房间，看见老师正一脸严肃地站在小小的沙发前面。他的双颊高高鼓起，像是鼓圆了的河豚一样，吓了我一跳。老师看起来仿若是金刚显灵一般。看来，老师是真的动了怒。

看老师的表情也知道，这不是我赔个笑、糊弄糊弄就能了事的。怎么办才好呢？不过万幸的是，老师也没有想要打道回府的意思。我只好低头道歉，提心吊胆地开始了这次采访。

一开始，无论我问些什么，老师都板着面孔、一脸不快。他的脸气得鼓鼓的，还有些发红，不断地提醒在场的每一个人：我现在心情很不好。然而，慢慢地，老师的态度也发生了变化。

我问道："您是从什么时候开始对落语① 感兴趣的呢？"

"实际上啊，我小的时候特别调皮捣蛋。"

他在教室里实在是过于胡闹调皮，连身为班主任的女老师都拿他没辙。某一天，老师提出了一个意见：

"小林同学（小灿老师的原名），我给你一个小时的时间，在这一个小时里，你想干什么都可以。但是，你以后在上课的时候就要安安静静的。"

老师提出了一个交换条件。小林同学听罢，欣然答应了。

实际上，这个爱胡闹的小林同学，最喜欢给大家讲自己编的故事。既然得到了这宝贵的一个小时，那我就给大家来讲故事吧！于是，小林同学在教室里，给大家讲了一个叫作"放屁大师"的故事。

"哎，这是什么故事呀？给我讲一讲吧。"

我这样请求之后，老师便不情不愿地回忆起了这个故事。

---

① 落语：日本的传统曲艺形式之一，在表演形式和内容上，都与中国的传统单口相声类似。

"有那么一个地方，有一位很会放屁的老爷爷。他每天都会噗噗噗地放屁，时间久了，关于他的消息传遍了大街小巷，最终传到了领主老爷的耳朵里。领主老爷便把放屁老爷爷叫来，问他：'听说你很会放屁，那就在我面前表演一下吧。'老爷爷便噗噗噗地在领主老爷面前漂亮地放了一通屁，领主看了非常满意，给了许多赏赐，让老爷爷回去了。住在老爷爷隔壁的另一位老爷爷听说了，心想：'不过是放一通屁而已，就能拿那么多赏赐，那我也能行啊！'于是跑到领主面前毛遂自荐：'我也很擅长放屁。''那你就放一个给我看看。'可这个邻居家的老爷爷却并不怎么会放屁，和很会放屁的老爷爷完全没法子比。因为他放屁放得很不怎么样，惹得领主大人生了气，非但没有获得什么赏赐，反而还挨了一顿处罚。"

真不愧是小灿老师。将这个故事讲得引人入胜，很难想象这个故事会是一个小学生创作出来的。我和结构编辑柴口女士，还有责任编辑，都情不自禁地放声大笑、鼓掌喝彩。老师不好意思地说：

"我就是因为忘不掉那一次的经历，才成为了一名落语家。"

方才，老师的脸还气得又鼓又红，像是煮熟了的章鱼一般，如今却露出了笑容。老师的心情终于好了起来。

之后，老师笑眯眯地给我们讲了许多故事，讲了和传闻中关系闹僵了的立川谈志①老师之间的宝贵回忆。从他的话语中我感受到，即便很久没与谈志老师见面他也依旧喜爱谈志老师。最后，他还讲了自己的夫人、孙子还有家庭……老师回答得很认真，一开始的怒火也烟消云散，他已经彻底放松了下来。

"今天的采访差不多就到这里。非常感谢您。"

采访结束之后，我向老师道了谢，在合影留念的时候，老实的我忍不住开口道：

"今天让您久候，真的非常抱歉。"

这一句话真是把我的好运气都败光了。方才还笑呵呵的老师，眼见着就板起了脸来，鼓起腮帮子，一副生气的模样。

他想起来了。好不容易才让他忘记了的。

不过，通过这次的经历，我明白了哪怕一开始不知所措，担心采访被取消，只要不言放弃、不懈努力，就可能迎来意料之外的好结果。同时，我也深刻地体会到，已经过去的不快回忆，只要当事人没有想起，不随意提起才是上策。

---

① 立川谈志：落语大师，曾主持著名节目《笑点》，演出风格诙谐幽默、机敏过人，被称为落语界的天才。

面对一脸严肃的男演员

说到"直到最后关头都不放弃"这句话时，我总是与它背道而驰。面对自己的事情，我总是轻言放弃。面对采访工作时，出于责任感……不，应该说是出于不想被同事批评指责的谨慎，我总是会死死纠缠、绝不放弃。然而，采访那个人的时候，我真的是差点就放弃了。或者说，我可能真的已经放弃了。

采访的对象是演员渡部笃郎[①]先生。渡部先生当时可是各大电视剧剧组都在争抢的大红人。他那冷漠的言行举止，以及脆弱而略带忧郁、能够激起母性本能的神情，牢牢俘获了广大年轻女性（可能也包括年长女性）的芳心。

虽然我并不擅长采访"优秀的男性"，但能够采访他们，我的心里当然是很高兴的。不过，看到他们英俊的面庞，我总是会莫名地害羞，心里十分别扭，觉得自己没有资格采访他们。所以，我在开始采访渡部先生之前，就已经感觉有些不安了。

我的预感灵验了。渡部先生在我面前的沙发上，歪歪地坐着，不时撩一撩自己长长的刘海，面对我的所有问

---

① 渡部笃郎：日本演员，曾参演《寂静的生活》《继续》《最后的爱，最初的爱》等作品。

题，都是一脸的冷漠。

当然了，我问的每一个问题，他都会回答，只不过总是回答得断断续续的，看起来明显没有什么兴致。因为都是第一次见面，我在采访其他人的时候，也遇到过聊不到一起或者是场面僵持的情况，所以我也没有过多地在意。可过了半个小时、过了一个小时，渡部先生还是完全没有和我熟络起来。

"除了电视剧和电影之外，您有考虑过去演话剧吗？"

"怎么说呢……我非得要演话剧不可吗？"

"不，不是说一定要您去演话剧，就是想问一下您的意向。"

"我也不知道呢。"

哪怕是经常笑场的柴口女士，或是很会带动气氛的年轻的责任编辑都沉默不语。我的心情和周遭的氛围一起变得越来越沉重。唉……今天真的是太失败了。花了两个小时都没能让嘉宾高兴起来，究竟是哪里做得不对呢？我究竟该怎么做才能让渡部先生提起些兴致来呢？

"您应该继续做这个访谈专栏"

采访到一半，我不禁想，他一定是讨厌杂志采访。要不然，就是不太喜欢我。我越想越消沉。没办法，反正采访也快结束了，差不多要准备收尾了。正当我这样想的时候，渡部先生突然问了我一个问题：

"阿川女士，您开始做这个采访专栏到现在已经几年了呢？"

"呃，已经……七年了吧。"

于是，渡部先生冷冷地笑了一下：

"您应该再继续做下去，不断地把这个访谈专栏做下去。"

"哎？"

"跟您聊天我感觉很舒服。"

听了这句话，我、柴口女士还有责任编辑，都惊得快要从椅子上摔下去。哪里让你觉得舒服了？不仅是我，在场的所有人恐怕都觉得"今天的采访从始至终，气氛一丁点儿都没有热闹起来"。

也是在这个时候，我明白了。

在感到喜悦、悲伤或是寂寞时，并不是所有人都会做出和我们自己相同的表情。在我看来表情严肃的人，可能心中正感受着想要跃起欢呼的喜悦。所以我不能以自己的标准随意判断他人。

学会重视基础问题

前文已经提过，我在采访时会以"问题只提一个"为基本原则，并把想要采访的主题限定在三个左右。但是，这三个主题究竟怎么选择、选择哪些，一直都是令我头疼的问题。

尤其是在采访世界知名的人物时，更是如此。提问，倾听嘉宾的回答，再表现出惊讶的样子，"哎，原来是这样啊！"这时绝大多数的读者肯定会心想"这件事我早就知道了"。这才真正成了别人的笑柄，我作为采访者的资质也会遭到怀疑。为了确认自己要问的话题究竟是已经尽人皆知，还是尚且鲜为人知，我们需要去查阅嘉宾过去接受过的采访以及他们的著作。

不过有些时候，面对一些基础的问题，我们会觉得

"这么基础的问题，现在实在是问不出口"，可正因为那是一个极为基础的问题，有可能至今为止从未有人问过。虽然会怀着这种"事到如今还来问这种问题，实在是不合适"的心情，但鼓起勇气去发问，有时反而会获得意想不到的收获。

在这一点上，我最为成功的一次访谈就是对"圣饥魔Ⅱ"①成员小暮阁下的采访。那是 2010 年的事情，自他那令人惊奇的出道以来，已经过去了很久，小暮阁下的大名恐怕已经是无人不知、无人不晓了。这一年正巧是他来到地球（本人是这样说的）的第二十五个年头，还颁布（发行）了新的"大教典"（应当就是所谓的专辑）。但对于社会大众而言，小暮阁下反而是以并非本职的"相扑评论家"的身份引起了热烈的讨论。

当然，我也想要问一问他是如何做出那样精彩的相扑点评的。不过，"不光要问这个，音乐相关的话题也得让他讲一讲"。

我像往常一样，和年轻的责任编辑以及结构编辑柴口女士开了个碰头会。我翻看着资料，突然想到一个问题。

"那个，重金属是什么啊？"

---

① 圣饥魔Ⅱ：日本重金属摇滚乐团，虽然造型夸张，但演出风格却热情、搞笑。主唱小暮阁下从未展露过卸妆后的姿态。

　　我虽然知道这是摇滚乐的一种，不过归根究底，摇滚到底是一种什么样的音乐，重金属又是一种什么样的摇滚，还有，小暮阁下演唱的重金属又有什么特征，我是一丁点儿也不懂的。

　　年轻的责任编辑高桥正好是一位摇滚爱好者，便对我进行了详细的说明。即使如此，我的疑问还是堆积如山。

　　"你直截了当问他本人不就好了？"柴口女士这样说道。

　　原来如此，确实是这样。就去问吧，我去问小暮阁下本人吧。

　　如果这期的访谈是将要刊登在音乐杂志上的话，恐怕我是无法问出这种问题的。专业杂志刊登的访谈，居然敢问音乐家"那么重金属摇滚究竟是什么呢？"音乐爱好者们看了定然会气得拍案而起。

　　"这种东西谁不知道！只有你这个采访者啥都不懂！不要问你个人不懂的问题！读者想看的是更加深入的音乐话题！"

　　读者的愤怒很有道理。但是，《周刊文春》的读者恐怕和我一样，对于摇滚乐并不怎么了解。虽然……虽然只是有可能，可能我的读者只知道小暮阁下是相扑解说家，并没有见过他唱歌的样子。

小暮阁下很擅长解说

就像是之前讨论时决定的那样，我在小暮阁下本人面前，以尽可能不失礼的方式提出了这个问题：

"请问，重金属摇滚，究竟是什么呢？"

接下来就到了我被震惊的时刻了。小暮阁下好亲切！而且解释得好清楚！对于我这种完全不了解摇滚乐的人，小暮阁下用非常简明易懂的方式进行了说明。

"哈哈哈。您应该知道什么是摇滚吧？"

小暮阁下先铺垫了一句，然后才开口进行了说明。

"摇滚乐有很多分支，其中，追求速度与激情的分支叫作硬摇滚，听起来总是咣咣咣、当当当的。"

"哦哦。"

"但也并非只要有了速度和激情就一定是硬摇滚。这其中又有分支，在速度与激情之外，还富于戏剧性，或是加入一些夸张的桥段。比如说加入古典音乐的一个乐句，从某个音节处开始，全员当当当当地齐奏贝多芬的《c小调第五交响曲》①。这种就被称为形式美。"

"啊！"

---

① 《c小调第五交响曲》：又名《命运交响曲》。是德国作曲家路德维希·凡·贝多芬创作的交响曲，完成于1807年末至1808年初。

"简单地说，如果不加入形式美的元素，就不能被称为重金属摇滚。在硬摇滚中加入一些形式美的元素，就成了重金属摇滚。"

"这样啊。原来重金属摇滚这么有内涵。我原以为它是更加混乱、粗暴的音乐呢。"

"你所说的是朋克乐。虽然具有速度与激情，但是'唱得再好又有什么用呢？唱得再好又有什么意义呢？'这种风格才是朋克。但想要唱重金属乐，必须要能唱好歌才行。"

这真是令我大开眼界。我还是头一回听说摇滚乐还有这么多种类。在采访前一天，我听了"圣饥魔Ⅱ"的专辑，很受震撼。小暮阁下的歌喉真的太棒了。听着他美妙的歌声，我又产生了一个疑问，向如同优秀家庭教师一般细致耐心、善于解惑的小暮阁下抛出了一个问题。

"我听过您的专辑，想要问您一个问题。为什么您在说话的时候声音这么沙哑低沉，在唱歌的时候却是少年般的高亢嗓音呢？这是为什么呢？"

面对这个问题，阁下的回答也十分简明易懂。

"这个啊，是有原因的。在伴奏巨大的轰鸣声中，如果我用低沉的嗓音唱歌，根本不会有人能听得见。声音不够高亢的话是传不远的，所以重金属摇滚乐的主唱，必须要用尖利的嗓音歌唱。"

怎么样？这个问题是不是很值得一问？过去在采访时我总是害怕被骂，所以不敢问这些基础性的问题，如今想来不禁后悔不已。当然，在提问前还是需要挑选对象的，需要对"对方是否可能回答这个问题"进行判断。但实际上，这个世界上有着很多"大家都装懂，实际全不懂"的事物，提出这些根源性的问题，采访嘉宾有时是十分乐于进行讲解的。

采访完小暮阁下后，我在返程时同年轻的责编高桥以及柴口女士说：

"我差一点就忘了呢，原来还有这种采访的方法。"

不要讲陈腔滥调

在做人物访谈时，为了掌握对方的基本信息，需要提前了解对方的相关资料、作品。除此之外，还有着其他几个目的。

其一，确认嘉宾在其他场合究竟讲过几次相同的内容。这也就意味着，某个话题对于他来说可能是经常被问到的内容。在反复回答同一问题的过程中，对问题的回答也可能会逐渐固化。

我自己自从开始采访工作以来，有一个问题几乎可以说是肯定会被人提及。

"请问您从事这个工作的契机是什么呢？"

说句实在话，我从未考虑过要进入社会参加工作。就像前文提到过的那样，家人们都认为我没有什么文化，教养也不好，没什么特别出众的才华，也没有想要做的事情。对于我这种人来说，早早嫁一户好人家，尽早建立家庭才是最幸福的事情。无论是父母，还是我自己，都一直坚信不疑。

"就业？进公司能干些什么？而且现在经济又不景气（当时正逢第一次石油危机），这么没用的我就算有那个运气找到工作，也不过只能给人端茶倒水、复印文件。而且干不了几年我就得结婚了（当初我是如此深信的）。这对公司来说太过意不去了。干脆啊，就别工作了，结婚之后学门手艺，干点儿小小的副业，难道不好吗？"

于是我便开始学习编织、针织，这是我从小就很喜欢的手艺，同时还铆足了劲儿地相亲。但不论是学手艺，还是相亲，都没有什么结果，总是失败。就在这个时候，碰巧有电视台发来邀请，问我想不想当记者。这就是我开始采访工作的契机。

虽然措辞多少会有不同，但我面对这个问题，每次的回应都是一样的。我自己回答这么多次，也会觉得腻烦，可毕竟也没有其他的答案了，我已别无他法。

还有这个问题，也经常会有人问我。

"您为什么不结婚呢？"

这个问题啊，从我小时候起，结婚就一直是我人生的最大目标。我自己也一直坚信我会结婚。但要是问到我为什么还没有成家，我自己确实也不清楚。可若是我这样回答，对方一定会追问：

"难道不是您眼光太高了吗？"

"没有这回事。年轻的时候虽然要求很多，期望对方身材要高大、最好是学理科的。可到了如今，连父亲都会说我：'穿上裤子了不还都一样么！'我自己最近也在不断降低标准呢。"

还真是怀念当初回答这个问题的时候呢。到了现在，几乎已经没什么人会问我这个问题了。真被问到，应该也是这么问的：

"您为什么没有结过婚呢？"

问题已经完全变成过去时态了。接着，对方还会补上这么一句：

"没关系的，您还很年轻的。"

真的"很年轻"的时候，是不会有人说你"很年轻"的。

话题有些跑偏了。总之，每个人都会遇到"陈腔滥调的问题"，也都会备好"陈腔滥调的回答"。当然，既然这些问题能够成为"陈腔滥调"，也就证明了它们很重要，每个人都想要知道，故而它们也是"不得不问的问题"。

　　我总是会和团队成员们一同思考。这是一个"不得不问的问题"，所以我们必须要问。可既然要问，就不能让对方做出"陈腔滥调的回答"。

　　想要做到这一点，说老实话，并没有唯一的方法。但是，在对方做出陈腔滥调的回答时，我会尽努力让对方拓展回答的内容。例如说，现在我来当嘉宾。

　　我说"年轻的时候喜欢身材高大的人"。那么，如果是我来采访自己的话，就会问："为什么你喜欢身材高大的人呢？"

　　阿川听到这个问题，就会回答："因为我个子很矮，所以会喜欢我自己没有的东西。也许我潜意识当中在为未来的孩子着想。"

　　"那您过去的男友们都很高吗？"

　　"也并不是这样。我曾经跟一个比我高三十五厘米的人交往过。和他牵手的时候，就像是小孩子在拉着爸爸的手一样，实在是太丢人了。因为隔得太远，对方说话的声音也听不清楚，我总是要抬头反问一句'什么？'对方在和我说话的时候总得半蹲着，或者是站到排水渠里面去。"

　　"那您的父亲是从什么时候开始对您说'穿上裤子了不还都一样么！'的呢？"

"应该是在我快三十岁的时候。二十岁出头的时候，他总是说我现在结婚还太早，我每次和男生出门，父亲总是气得头顶生烟。结果我一到二十七岁，我绝对不会忘记父亲当时的话。他说：'你都二十七岁了，在歌舞伎的世界里已经算是老太婆了。'真的太伤人了。应该就是从那个时候起，他开始对我说：'你就别吹毛求疵了，穿上裤子了不还都一样么！'"

当然，这个故事也并不是多么有意思，我只不过举一个例子罢了。在意识到对方说的是已经讲过无数遍的回答时，我们需要在其中反复翻找、细致分析、紧咬不放，最终一定能够找到新的故事。

了解大众常有的疑问

提前阅读采访对象的资料还有一个目的。对方的资料并不一定只是对本人的直接采访，有可能是未经本人允许而擅自发布的花边新闻，偶尔还会有一些绝对称不上是带有善意的报道。在从各种角度、立场写的资料中汲取信息的同时，我们还要拉开一点距离，客观地看待这些资料。

"社会大众是怎么看待这个人的呢？"

"感觉他总是很阴沉。"

"有点自以为是。"

"他在私底下肯定也是一个很有趣的人。"

世人肯定会对我们的采访对象有着各种各样的印象。不仅如此，大众还会对他们抱有一些极为单纯的疑问。

"为什么他的发型那么奇怪呢？"

"为什么他要在记者招待会上说那种话呢？"

我的工作不知该说是光荣，还是该说责任重大。无论是什么性质，我都需要代表读者和观众去见嘉宾本人，也必须解决读者和观众们的疑问。虽然我也常常想要落泪，心里会想"这么没礼貌的问题我可怎么问啊！你们倒是也来本人面前问一问啊！"可任务终究是任务，我至少应当努力完成。所以我总是会思考："大家到底对这位嘉宾有着什么样的疑问呢？"只要抓住了大家想问的问题，就能够把自己个人的兴趣和工作剥离开来，重新找回客观的立场。

例如，我和我最喜欢的帅气男演员见面了。这位男演员最近脾气比较坏，有个很重要的工作被取消了。我作为粉丝，肯定会觉得他很可怜。但大多数人可能会说："谁让他态度那么差，被惩罚也是必然的。但他自己心里又是怎么想的呢？"

如果我作为采访者，在这种时候悄悄对他说："那并不是你的错，你不用回答这种问题。"

然后没有问他最重要的问题，直接结束采访的话，读者和观众们应当会非常失望吧。因此，我在采访时必须狠下心来，将问题问出口。

虽说如此，我也不能摆出"代表社会消灭你！"的态度。因为我作为一名采访者，是没有那样的权利的。我只不过是想让当事人传达出自己的想法而已。

如何开口问难以启齿的问题

　　我采访桥本久美子女士，已经是距今十五年以前的事情了。当时，她的丈夫桥本龙太郎[①]刚刚就任自民党总裁。大多数人，尤其是媒体人，面对政治家总是习惯于摆出一副批判的态度。"为什么要滥用国民的税金""你们真的在认真为人民服务吗"等等等等，大家会不自觉地将政治家视为眼中钉、肉中刺。在敲定由我去采访总裁夫人之后，不仅是我的访谈负责人，还有我熟识的《周刊文春》编辑部的编辑们，都纷纷来鼓励我：

　　"阿川女士，采访要加油啊！"

　　"一定要问得犀利点！"

---

① 桥本龙太郎：日本"后自民党时代"第一位首相，20世纪90年代日本政界的代表人物之一。

119

其中最"狠"的一位说道：

"记得问问总裁夫人，她对那个女间谍有什么看法。"

这里提到的女间谍，是当时媒体热议的"桥本龙太郎丑闻"的女主角。

我很为难，这种问题可怎么问？这对于媒体而言可能算是个大新闻，如果直接去问桥本总裁还可以，但我实在无法接受问桥本夫人这个问题的想法。桥本夫人在整件事中不但没有任何责任，而且还算是一位受害者。让我用这个问题去嘲讽桥本夫人，实在是很为难。

"我做不到！"

我虽然坚定地拒绝了对方，但是一想到读者们和编辑部的热情，我还是有些动摇，怀疑这个问题是不是必须得问。我带着这种忐忑的心情，抵达了桥本事务所。

"初次见面，请多多关照。"

我带着紧张的情绪问了好。桥本久美子夫人穿着一身和服，在屋内亭亭而立。"哎呀，您来啦。"她就像是我的老朋友一样，亲切地微笑着，向我打招呼。我对夫人说："您的和服真是好看。"

"因为要和您见面，今天我特意打扮了一番。"她把袖子一伸，向我开玩笑道。

"开玩笑的，其实今天在皇宫有一个庆祝活动，我刚从那儿回来。"

听完夫人所说，我被她直爽温和的笑容，以及暖心的幽默感折服了。不禁想："我应该会非常喜欢这位夫人。"

"您是指这个吗？"

之后的采访大家也是一直笑个不停。夫人从桥本总裁的发型要怎么梳，聊到"我的一大爱好就是生孩子"，发言非常大胆直接，但她说话的语气却自然不做作，十分可爱。而且，她明明和前来采访的我是初次见面，却对我毫无戒备。我坐在久美子夫人面前，心中暗自纠结："这么信任我真的没问题吗？"

那——这个问题，一定得问吗？那也太没礼貌了。可是连主编都命令我要问了。这可怎么办……

我最终下定了决心：

"那个……这个问题，可能已经有人问过您无数次了，想必您也对此感到十分不快，但是……"

我不断用手画着圈，扭扭捏捏地难以开口，然后，久美子夫人说：

"哎呀，您是指这个吗？"

夫人微微笑着伸出右手的小指头^①翘起。

"啊，是，是的……"提问的我反而变得语无伦次起来。

"这种提问已经多得我数都数不清了。（笑）要是我每次都要在意的话，那也太累了。而且，我有的时候也会和后援会的男性成员们或是秘书单独谈话。如果每次我们都彼此怀疑的话，那简直会没完没了，我们可是发过誓要对彼此忠诚的。"

夫人伸出左手无名指，给我展示手上的婚戒，就像是小孩子在炫耀自己珍藏的宝物一样，夫人洋洋得意地冲我微微一笑。

在久美子夫人这番话的背后，也许有着遭遇这种丑闻的痛苦，有着想要怒斥丈夫的话语，也会有着无尽的不甘，那并非是能够轻易消除的。也许夫人下定了决心，选择作为一名政治家的妻子，掩藏起这份不甘，用坚毅的态度坚强面对世间的风言风语。不，即便是这些也不足以形容，当时桥本夫人对我展现出的洒脱乐观的态度，完全地征服了我。

真不愧是总裁夫人！

---

① 小指头意指女性，常指婚姻外的情人、第三者。

　　在那次采访之后，我又同久美子夫人见过几次面，如今她对我也依旧十分亲切，实在是不胜惶恐。初次见面时夫人表现出的直率也丝毫没有改变，她已经是我心中最为理想的女性了。

　　当时能够问出那个难以启齿的问题，最终让我结识了这样一位无可替代的出众人物，我究竟是有多么幸运啊。

不要被先入为主的观念束缚

前文中已经提到，阅读资料的其中一个目的，是了解"对方在世人眼中的形象"。因为，采访者希望在采访过程中发现对方身上与大众认知不同的全新的一面。而这个全新的一面，往往在大多数采访中都能够发现。

"哎，真是没想到。"

不只是读者和观众，作为采访者的我，有时都会情不自禁地发出这样的感叹。

每次完成这样"意外"的采访，我内心都会想："实在是太好了！"

很久以前我就认为，他人所塑造出的"形象"，不过只是当事人的某一个侧面而已。

我会产生这种想法的原因，是因为年轻时一位朋友曾经对我说："你居然会做这种事情，这可真不像你。"

我记不太清自己究竟做了什么对方才会这样评价我。我想，恐怕是朋友把我想得太好了。"我还以为你是个多靠谱的人，没想到你这么吊儿郎当啊，真是想不到。"我记得朋友是用这种语气对我说的那句话。

这句话让我非常在意。如果朋友说的"吊儿郎当"，指的是我这样做"不好"的话，那我还能够接受。但朋友却是认为"吊儿郎当"的样子"不像你"，我不禁想要出声反驳："才不是这样！"反驳之后，我和朋友都很吃惊。原来朋友以为我是一个一丝不苟、认真严肃的人。

"原来你是这么看待我的啊。"

朋友非常失望，因为我完全背叛了朋友的期待。

还有一次，另外一个朋友又对我说了这样一番话。

"居然会和那种人关系那么好，这个真不像你。"

这句话也让我很吃惊。说这句话的朋友，和她口中的"那种人"性格南辕北辙，兴趣爱好完全不同。接下来我就把她们称作 A 和 B 好了。

如果 A 和 B 在没有我的情况下彼此结识，恐怕很难友好相处，她们是完全不同的两类人。但 A 和 B 对我来说都是非常重要的朋友。即便如此，A 常因为我和 B 要好的关系感到非常不快。

"这话讲得太没有道理了。"

我也是在这时第一次意识到这件事。

我们每个人，在面对不同的人时，都会展现出不同的自己。反过来说，我们并不会向某一个人展现出自己的全部。但是，从对方的角度来看，他们眼中的我们，就是全面、真实的我们。因此，对方在发现他们不曾了解的、"意想不到的一面"时，会异常震惊。

我在和 A 接触时，恐怕展现出的是自己较为认真的一面。但在同不爱学习、爱玩乐的 B 接触时，可能会聊一些不严肃的话题，做出轻浮的举止。

A 看到我和 B 玩耍胡闹，便会想："我从没见过那个模样的阿川，和 B 这种人来往对阿川没有好处。"但对于我自己而言，无论哪一个侧面，都是我自己。

这两次的经历，让我想出了这样一个比喻：我们每个人都是一个 360° 的球体 ①，每一个不同的角度都有着相异的性格，在面对不同的对象时，我们会调整自己的角度，展现自己不同的一面。我们向从学生时代起就认识的朋友所展示的，可能是"西北偏北"方向的自己，向恋人展示的，可能是"西南偏南"方向的自己。虽然都

---

① 此处为原文讹误。平面圆形为360°。

是自己，但在对方看来，这其中的某一个方向"并不像你"。可如果我们向每一个人都毫无死角地展示自己的全部，那么迟早有一天会令人觉得厌烦。正因为我们身上总是有着未知的部分，才永远令人感到好奇。

"虽然每天都会见到他，但有时还是会惊讶：'原来他还有这样一面啊。我还以为我已经很了解他了，没想到还是有我不知道的一面。'因为感到很新鲜，所以和他相处也不会觉得厌烦。"

我记不清这是谁说的了，应当是一对很恩爱的夫妻说过的话。听了这番话，我豁然开朗，终于明白了他们的感情能够长久的原因。真希望能和自己未来的丈夫也这般恩爱呀。只可惜，我孤身一人不知过了多少个春秋……

"出人意料"非常重要

这件事暂且不提，我想强调的是，有很多时候，我在心中预判对方"可能是这种人"，但见面之后却会发现"原来他是这种人啊，真是没想到"。这也是必然的，因为我在采访前对对方的印象，只不过是对方的一个侧面而已。

这种"出人意料"的地方，在采访当中是极为重要的。每次出现令人感到"哎呀，真没想到！"的地方，我都会情不自禁地想要高声叫好。如果能够挖掘出嘉宾至今为止鲜为人知的一面，能够发现对方令人意外的新的一面，那么这次采访就可以说是十分成功了。

十九年来，我一直坚持在《周刊文春》连载访谈专栏工作，这期间我究竟多少次这样感叹过呢？

"真是个不错的人呐……"

在返程途中，我和访谈团队的成员们这样说。

"你在说什么呢。你在来之前不还一直在念叨'唉，好想回去啊''不想去采访'吗？"

不，我说"不想去采访"，并非是因为我讨厌对方，而是因为没有信心能做出好采访，才感觉畏惧，"好想回去"。其实，每次和采访对象见面后，都会发现对方比自己想象的更谈得来、更有意思。很轻松地就度过了愉快的采访时光，这样，我就会立刻转变态度，绽放笑容。

当然，我也曾遇到过见面之后还是"谈不来"的人。不过即便是这样的嘉宾，我也经常会发现对方与我的想象有所不同，发现对方身上另一个"令我讨厌的部分"，或者是出乎意料的"吸引人的部分""值得尊重的部分"，我也深刻感觉到"不实际接触，是无法了解对方的"。

第三章　能让人轻松开口的提问术

附和的奥秘

　　我在采访临床心理学家河合隼雄[1]先生的时候，再次认识到"倾听"他人的重要性。

　　河合先生曾担任过文化厅厅长，但他的本职工作其实是"心理咨询师"，为许多心灵受创的患者提供了心理咨询。于是我问他：

　　"您会对患者提供什么样的建议呢？"

　　河合先生回答道：

　　"我从来不提建议。"

　　咦，不会提建议吗？真是没想到。那，心理咨询师都

---

① 河合隼雄：日本著名心理学家、临床心理学家、心理咨询师，日本第一位荣格心理分析师。曾任日本文化厅厅长、日本京都大学教育学院院长、国际日本文化研究中心所长。

会做些什么呢？

"我啊，只是听患者说话而已。一边听，一边'嗯嗯''是吗''真不容易啊''这样啊''然后呢'地附和着，让对方继续说下去。"

"为什么您从来不提建议呢？"

这是有原因的。

曾有一位年轻人向河合先生倾诉烦恼，河合先生听罢，建议道："你可以这样做试一试……"年轻人认真听取了河合先生的建议并付诸行动。几天后，年轻人再度前来拜访河合先生。

"我最近过得很好。多亏了您宝贵的建议。"

"那就太好了。以后再遇到什么问题，欢迎你随时来找我。"河合先生放下心来，送走了年轻人。然而，又过几天，年轻人怒气冲冲地找上门来。

"我按照你说的去做了，结果惹出了大麻烦。你要怎么补偿我！"

"如果别人的建议有效的话倒还好，一旦事情进展不顺利，人们往往会认定这都是建议的错，他们会把一切问题都推到建议人身上去，而不去寻找其他原因。

"这听起来可能会让人觉得是心理咨询师在推卸责任，但事实并非如此。想要根除心病，必须要脚踏实地地寻找其问题的根源。若是依赖他人的建议，人们便会把所有的不顺全部算在建议头上，可能还会认定问题是提出建议的人造成的。因此，我从不提建议，这对治疗没有任何帮助。"河合先生这样对我说。

我只不过是一个采访者，我的工作并非倾听对方心中的烦恼。不过，在工作的过程中，采访者们时常会对我说："哎呀，感觉跟阿川女士聊了聊之后，思绪清楚多了。"有时他们还会啧啧称奇："这件事我本来早就忘了，今天突然又想起来了。"我并没有特意想帮助嘉宾们整理思绪，也没有诸如"您再想想，是不是还有什么事情没想起来，嗯？"一类的，想要强迫对方回想的意思。但是，嘉宾们到了最后，总会说出这样一句话：

"我现在才意识到，原来我当初是这样想的啊。"

听对方说的话，感同身受地去倾听。抛开想要表达意见、帮助对方解决问题的想法，单纯地去"倾听"。在对方倾诉时，我们只需要传达"我正在认真听你说话"的信号，或是放出"我还想多听你讲讲"的信号便足够。如此一来，对方会主动地开口讲述自己隐藏在心中的想法。

我在本书的开篇就提到：在进行《周刊文春》专栏访谈工作之前，我就以成为城山三郎先生那样的"擅长附和的人"为目标。可虽然目标明确，我偶尔也会感到迷茫，担心附和会在采访中无法引出重要的话题。但是，在《周刊文春》访谈专栏工作的第四年，我遇到了河合隼雄先生后，这一想法有了改变。

"只要倾听就可以了。这就是打开对方心房的钥匙。"

听完河合先生这样说后，我心里也有了底气。

其实，对日本人而言，"附和"在日常的对话中是不可或缺的。

在应答留言录音电话机刚刚普及时，有许多老人觉得"留言的时候真的不知道该怎么开口"。的确如此，我一开始也是这样，就算身边有一个人让我在"哔"一声后快点开口留言，我也觉得面对一台沉默不语的机器独自说个不停是十分痛苦的。

可为什么会这样呢?

我思考了很久，发现这是因为在录音时对面没有人对我说的话作出回应。如果这世上有一种"附和答录机"，一定会有很多人乐意留言的。

"啊，喂，您好?"

"您好，您好。"

"我是阿川。关于明天打高尔夫的事情……"

"嗯，嗯。"

"其实我还有一篇稿子没有写完。"

"哎呀，哎呀。"

"真的很不好意思，我明天去不了了……"

"这样子啊。"

"可以吗？"

"嗯，嗯。"

"真的很抱歉，事到临头了突然这么说。"

"没有，没有。"

"下次有机会请您务必再来找我。"

"好的，好的。"

如果电话答录机能有这种"附和"功能的话，录留言的时候该是多么轻松啊……话说回来，我想得还是太美了吧。

附和时需要体察说话人的心情

以上算是开个玩笑。

日本人在说话时喜欢有人回应、附和自己，可能和日语的由来有一定的关系。

上大学时，我在语言学这门课中学了，日语对肯定和否定意思的表达和欧美的语言完全不通。日语的肯定和否定词是在句子的最后才确定下来的。也就是说，如果用英语表达"这道菜的味道不怎么样"，就是"This dish is not good"。英语会在主语之后立刻明确这是肯定句还是否定句。但是在日语中，直到说到"这道菜的味道不……"为止，这句子肯定还是否定的意思依旧不明确。也许你心里觉得"不怎么样"，可正说到"味道不"的时候，看见面前上司的脸色，明显觉得这道菜应该非常美味，于是立刻改口说"错嘛"，临时收回了自己的想法。日语的语言结构对于说话人而言十分友好，它使得我们可以一边观察对方的反应，一边调整自己想说的内容。

也正是因为日语在结构上有着这种特点，才导致当自己与对方的想法不同时，日本人会下意识地通过说话对象或是周遭的状况，来决定自己想要发表的意见。当然，政府也经常会这么说：

"我们将以各国应对之策为鉴，进行判断。"

附和也是一样。日本人在说话时，习惯于细致地观察对方的反应。

例如我们在向某个人说话时，如果对方一直没有任何反应，我们会感到不安，会怀疑自己是否说错了，或是怀疑对方是否在听自己说话。但对方如果能时不时地回应"嗯，嗯""是吗？""哼，哼"，我们说起话来也会更有劲头，并能继续说下去。如果对方问我们"然后呢，然后呢？"我们就会更有自信、更加高兴，"原来他这么想听啊"。比如民歌中的吆喝声也有着同样的效果。

"哈、哟哟！"

"嗨哟、嗨哟！"

"哟哟、哟呀！"

在演唱时如果加入这些吆喝声，歌曲的气势会全然不同。

我认识的一位编辑，对任何事情总是只做出同一种回应。

如果我说："其实，我昨天在家里摔了一跤。"

"啊，是吗。"

"鼻子一下磕到桌子角上了，流了好大一摊血。"

"啊，是吗。"

"血一直止不住，于是就往鼻子里塞了点棉球睡了一晚上。今天早上去看了医生，幸好是没有骨折，我这才放心。"

"啊，是吗。"

"因为折腾了这么一出，所以稿件还是没写好，真的非常抱歉。"

"啊，是吗。"

"能不能把截稿日期延到本周末呢……"

"啊，是吗。"

越说我的心情就越消沉。对方看起来没有生气，不过也不像是很惊讶。我请求他延长截稿日期，他究竟是答应还是不答应呢？我虽然没有指望他对我的受伤表达同情，可他难道一点都不吃惊吗？

"这是您的习惯吗？"

我曾经这么问过他一次。

"哎，什么？"

"'啊，是吗。'您总是在说这句。"

"啊，是吗。"

看到他笑眯眯的表情，我知道他并没有恶意。可他的这种不走心的回应，对于说话人来说，实在是提不起说话的劲头。

电视和杂志的不同

实际上，在刚刚开始做《周刊文春》的访谈连载时，我附和的本事绝对算不上有多么好。

过去我的工作主要集中在电视领域，我在采访时总是会下意识套用电视采访的方法。在电视镜头前进行采访时（现场直播的情况可能稍有不同），我接受的指导是"尽可能不要附和"。这是因为，如果采访者在嘉宾发言时发出"嗯，嗯""原来如此""哼"的声音，会和嘉宾的声音重合，给后期编辑增加负担，因此会被命令不准发声。

可采访者若是一言不发地站在话筒前，发言者也会担心："这个采访者有在听我讲话吗？"于是我一般会坐在，或是站在正在发言的嘉宾面前，认真地凝视对方的表情，一声不吭地尽可能大幅度地点头，令对方能够注意到。

我这个习惯在《周刊文春》的访谈工作中暴露了出来。在结构编辑柴口女士指出这一问题之前，我自己完全没有注意到这一点。

"阿川，你能不能稍微附和几次。不然嘉宾就会说个不停，采访看起来会很累的。"

采访的稿件和演讲稿、单人的发言稿不同，某一方说得太多，访谈的节奏就会被打乱，读者在阅读时就会觉得很疲乏。因此，采访者需要时常对嘉宾的发言作出回应。

"咦，我还以为自己有反应呢。"

"可是速记的笔记当中，除了提问，你可是一句话都没说啊。"

我这时才忽然间意识到，我确实一句话也没有说过。原来在做杂志上的采访时，是需要采访者频繁做出附和的，这对于我来说是个很新奇的发现。

"鹦鹉学舌式提问"的使用方法

附和也分为许多种类。

有的像"哎？""哦""是吗？"这样较为简单，在赞同对方的意见时则会说"原来如此"。和对方聊得较为直接时，也可以使用"这样啊"而非"原来如此"。

实际上，在倾听对方的发言时，我们可能无法将附和运用得如此灵活，可一旦采访印在了纸面上，同一种附和反复出现时，读者就会读不下去了。

因此我有时还会重新更改采访稿中的附和词，让用词显得丰富一些。

一般而言，在没听清对方说的话时使用的附和是"哎？"但我有时使用"请您再说一遍"。

然而，在采访演员西村雅彦①先生时，我却被批评了。

"别人对我说'哎？'的时候，我会很伤心的。"

"哎？"

"我以前有一个朋友，每次没听清对方的话时就会说'哎？'我一直在想，他为什么要说'哎？'呢？"

"很抱歉。"

"不，我并不是想要指责您。之后，我也下了决心，想要用'哎？'来反问他。"

如此说来，"哎？"确实是有些不妥。"哎？"中隐含着"你声音那么小，我哪听得见啊"或是"你不会是想说这个吧？"的语气。这句"哎？"中包含了对对方的轻蔑之情。虽然本人并没有这个意思，但对于听到这话的人来说，可能会理解成轻蔑的含义。

受到西村先生的批评之后，每当自己再说出"哎？"时，我在心中总是会感到后悔："糟了，又说出来了。"如果面对平级的人还好，面对上司是不能说"哎？"的。我现在总是会提醒自己，即便是没听清楚对方的话，至少也要用"什么？"来回应。

---

① 日本演员，原以扮演严肃角色见长，在出演《古畑任三郎》中的今泉一角后，也扮演了许多滑稽角色。代表作有《古畑任三郎》《滑稽餐厅》《笑的大学》等。

此外，"鹦鹉学舌"也是很有效的附和之一。

"十六岁的时候，我第一次离家出走，去了冲绳。"

"跑到了冲绳？"

就像是这样。

"我啊，其实是非常胆小的。"

"非常胆小？"

就像是这样。

这种"鹦鹉学舌式提问"基本上用于表示惊讶的场合，通过抓取出关键词，再次唤醒发言者的内心。"鹦鹉学舌"之后所获得的答案，往往是对关键词更加深入、细致的解说。

"我啊，其实非常胆小的。"

"非常胆小？"我这样询问之后。

"是啊。我从小就非常害怕鬼屋之类的东西，直到现在都还害怕打雷呢。"

对方就会这样回答。

"鹦鹉学舌"在希望对方对问题进行更加细致的解释时是非常便利的，此外，还可以使用"具体来说呢？"或是"比如说呢？"来实现同样的目的。

我曾经在美国住过一年，虽然英语完全说不上讲得好，可有一次却不得不去用英语做采访。这可怎么办……

正在我焦虑的时候，有人告诉我："如果听不懂对方在说什么，只要这么问就可以了：'Please be more specific.（请您讲得更具体一点。）'"

"请具体一点"，如果这样问的话，对方既不会发现我英语水平不佳，还会为我做出比最开始的答案更易于理解的回答。这确实比"我听不懂你说的英语，请你再说一遍"听起来更帅气一些。还真是学到了一句好用的话，我在美国停留期间，几乎天天都在乱用。

"不是吧""真的假的"

这种方法，在日语中也是通用的。虽然我精通日语，但有时话题过于抽象，难以在我的脑海中形成概念时，如果使用"例如说？具体来说是怎样呢？"对方一定会用其他的说法，做出更加易于理解的回答。

此外，"然后呢？""还有呢？""之后怎么样了？"也能有效促使对方继续话题。在期望对方解释说明时，我们当然会用"为何？""为什么？"如果"鹦鹉学舌"表达的震惊程度不够时，可以使用"真的吗？""不是吧？"根据对象的不同，有时也可以使用更加非正式的"真的假的？"当然，这都是根据谈话对象所决定。

　　无论如何，在对方的发言中插入附和，或是像附和一样较为短小的语句，能够让对方的发言进行得更加顺利。我们不必把想要问的问题都组合成主语、谓语齐全的完整疑问句。其实，附和就像是一把扇子，我们拿着它，时刻关注着熊熊燃烧的火炉，当火势减弱时扇动扇子，让它再次旺起来。这个比喻是不是更令人一头雾水了？

　　可能会有人对我说我一句"哎？"所以关于附和的话题还是到此为止吧。

如何接近初次见面的人

和陌生人初次见面时，大家都会怎么做呢？

谨慎的人会通过观察对方的行为模式，断定对方不会对自己产生威胁后才会采取行动；积极的人则会主动上前搭话，直截了当地表达出"想要搞好关系"的想法。此外，还有人会在对方采取行动之前不表达任何态度。

不记得从什么时候开始，我在大多数情况下都比较接近第二种——积极的人。我会露出笑容，表现出高兴的样子。但我总是害羞，也没有足够的知识或是修养让自己把握对话的主动权。因此，我会笑眯眯地来回走动，展现出自己最有活力的一面，甚至超出必要地欢笑吵闹。我深信，只要表现得富有亲和力，就能令所有人都感到高兴。

　　然而有一次，我来到一个新的工作场合，参加新同事们举办的联欢会，需要和素不相识的人搞好关系。于是，我便像往常一样追根究底地问别人问题、开别人的玩笑。可偏偏我找上的还是那群人中最为腼腆怕生的一位同事。当天，我并没有意识到，我那种强加于人的态度令对方感到非常不满。

　　我一直以为对方"只不过是在害羞，不太擅长和人接触而已"。可过了许久，某天对方在工作会议中，当着所有人的面把我狠狠地批了一通。

　　"好好学习过了之后再说！不要太任性了！"

　　"噫！"我吓得快要跳起来了。对方的批评真是一针见血。虽然我不是故意想要任性的，但自己确实有些懒惰懈怠。因为我一直以为自己同对方关系很好，所以从未想过对方会用那么憎恨的目光训斥我。自那以后，我和对方的关系就闹得很僵，再也没能恢复到毫无顾虑地交谈的状态。

　　这件事对我造成了小小的心理阴影。说是心理阴影可能有些太夸张了，因此我有些受伤，并且至今仍旧把它当作一个很好的教训。我意识到，自己那种只要表现得和蔼可亲，对方就会对自己产生好感的想法是十分错误的，同时也是极为傲慢的。

但请你也不要认为自己没有必要表现出和蔼可亲的一面。这并非我想要表达的意思。如果无视对方说话的节奏，思维想法，以及精神准备，而是单方面将自己的想法强加给对方的话，那么对方别说是高兴了，恐怕反而会对你产生警惕。

亲和力也分为许多种类，有的充满活力、有的稳重宁静、有的充满魅力、有的一眼看上去十分冷淡……

我第一次采访小说家渡边淳一^①先生的时候非常害怕。当时我递出名片、低下头，嘴里说着："初次见面，还请您多多关照。"渡边先生却只说了一句"哦"。看上去很不耐烦。这一秒，我开始恐慌，认为渡边先生对这次的访谈不感兴趣。身边的女秘书这时开始在包中翻找东西，看起来是想要找先生的名片递给我，可最终一直没有找到。

"老师。名片您没有带来吗？"

渡边老师冷冷地回答道：

"没有。"

我见老师回答得如此干脆，当即就想要打道回府。

---

① 渡边淳一：日本小说巨匠，被誉为日本情爱大师，著有五十余部长篇小说及多部散文、随笔集。代表作有《失乐园》《钝感力》《光与影》等。

今天可不好办了。渡边先生看起来心情非常不好。

可我并不能真的回去，只能开始访谈。出乎意料的是，虽然声音不大，但先生对我的每一个愚笨的问题都回答得非常认真。我可算是松了一口气，但心中依旧感到畏惧。

渡边淳一的提问

话题聊到了渡边先生当时的畅销作品《化身》。

"我啊，很喜欢讨论关于人的问题。因为人是会改变的：性格一丝不苟的人闹出意想不到的乱子；清纯可人的女子变得淫乱。人的这些改变既迷人又有趣。"

原本满脸不悦的渡边先生，表情忽然变得柔和了起来。趁着这个机会，我问了一个问题："为什么明明认为自己会爱对方一辈子，最后心意却还是改变了呢？"

"这个改变才是最美妙的。正因为这样，人们才会喜悦、才会悲伤、才会向前走。"

先生不仅表情变得柔和，甚至连说话也主动了起来。他还说：

"女人和男人的关系亲密起来之后，就只会看到对方的优点。"

是吗？

"嗯……这该怎么说呢……明明对方是自己讨厌的男人，可在不断地和男人发生肉体关系的过程中，女人开始在对方的粗暴中感受到温柔，最终迷上了对方。正因为会发生这样的改变，人类才是如此的美丽。你难道没有类似的经验吗？"

突然被问到这个问题，我不禁感到不安：

"不，真不巧，我并没有……"

渡边先生咯咯地笑起来，说道：

"等你有过这样的经历之后，真想再和你聊一聊呢。"

渡边先生应当是在调侃我不了解男人吧。可若要说是谁的改变最为剧烈，应该就是渡边先生本人了。他访谈前后的变化之大，令我惊讶得哑口无言。

不过在那之后我又同渡边先生见了好几次面。直到最近才明白，冷淡是渡边先生特有的"捕获人心"的策略。

渡边先生做演讲时也是如此，他在开场时绝对说不上是和颜悦色。

我曾经听过几次先生的演讲，他说话的声音总是很小，脸上也没有笑容。坐在台下的观众抬头望着渡边先生，满脸都写着不安，今天的演讲者看起来心情不大好，没问题吗？观众们纷纷从座椅靠背上直起身，身体微微向前倾，观察着情况的变化。

"离婚啊，在夫妻双方都很忙碌的时候是离不了的。人在闲得无聊的时候总是胡思乱想，所以才会离婚。艺人们离婚也基本都是在工作休止期间离。"

先生突然讲了这么个故事，听众们不禁哈哈哈地放声大笑。之前大家都在担心渡边先生会不会发火，现在见他一本正经地讲了个这么好笑的故事，完全出乎大家的意料，反而令人更加高兴。

渡边先生真是厉害。虽然不清楚他本人是否是有意这样去做的，可先生让我明白，还有这样一种方法可以用来接近初次见面的人。

比起总是面带微笑的人亲切地对待自己，经常一脸严肃的人亲切地对待自己时，我们反而会觉得自己占了便宜。所以我每次遇见表情仿佛吃了苍蝇一样，但实际上却很温柔善良的人，都不禁会感到羡慕。

但唯有这个是学不来的。我如果突然皱起眉头，对初次见面的人只用"哦"来打招呼，肯定会令人不适，可能还会让人愤怒地想"谁会想要跟你聊天"吧。

每个人展现亲和力的方式各有不同。我也深刻理解不同的人在面对初次见面的人时，所采取的态度会有多么的不同。如果一味地相信只要展现亲和力，对方就定然会愿意打开心扉，那么就很可能会像我一样遭遇失败。

安慰要在话语结束两秒后再说

　　刚刚开始做访谈连载时，《文春》的高层曾经指出："阿川女士在访谈的时候，说'怎么会'的次数实在是很多。"我当时并不明白，这句话的背后有着什么样的含义。

　　我猜测，可能是在说"总是使用同一个附和词，让人读来觉得很不舒服"。也有可能是"这么暧昧的回应会让人感觉毫无诚意"。

　　例如，对方说：

　　"我已经彻底过气了，我在想是不是到了该隐退的时候了。"

　　在烦恼了许久应该如何回应后，我往往会说："怎么会。"在对方自谦时，我没有信心断言："没有这样一回事！您并没有过气！"

"确实已经过气了呢，也差不多到了隐退的时候了。"
如果关系非常亲近，那么当着他本人的面这样半开玩笑地
说也不是不可能。但在关系没有亲近到一定程度时，也
说不出来这么苛刻的话。但是也不好说得过于客套，若
是出口伤人了心中也过意不去。思来想去，能够多少安
慰到对方的一个方法，就是我不禁脱口而出的这句暧昧
的"怎么会"。

在被人指出"怎么会"这个问题之后，在类似的情况
下该如何应对，成了采访工作中我需要面对的一大课题。

当事人虽然嘴上谦虚，但心里想听到的其实是温暖
的安慰。正因为意志消沉，所以在吐露出软弱的心声后，
当事人会格外注意对方会作何反应。面对这样的人，我
们该怎样回答才最为合适呢？

因为工作的性质，经常会有专业的造型师为我做发
型、化妆。有一位权威造型师，大家都亲切地叫他巴巴尔。
这是某次他为我做造型时发生的事情。他总是会领着年
轻的助手一起来，让我在镜子前坐下，小声对助手小姑
娘下达指令，工作起来十分利落。

有一次，我对巴巴尔映照在镜子中的助手小姑娘说：

"哎呀，你的皮肤可真是又光滑又有弹性，真是羡
慕你。"

她的皮肤好得令人惊讶，饱满有弹性、微微泛着粉色，看起来很有活力。我因为惊讶，不禁开口夸奖。小姑娘害羞地扭过头去。我又把视线转移回镜子中的自己，多么令人羞愧啊。

"哎呀，和你比起来我可太惨了。满脸都是皱纹，脸颊也都下垂了。已经完全是个老奶奶了。"

小姑娘呆呆地站在那里，一言不发。一旁的师父巴巴尔马上开口训斥：

"你怎么愣着不说话！这时候必须要立刻回答'没有这回事'才行！"小姑娘赶忙道歉，又转过身来对我说："没有这回事。"

巴巴尔又道：

"现在说这些已经晚了。不立即回答是没有意义的！"

我不由得笑了出来，故意开口说道：

"巴巴尔呀，我的头发也都变稀了，好像开始谢顶了呢。"

结果还没等我说完，巴巴尔就开口答道：

"没有这回事！"

这般迅雷不及掩耳的反应速度令我惊讶。但也正是这份迅雷不及掩耳，让我感觉他是被迫这样说的，多少让人有些信不过。说不定其实我真的已经谢顶了，他只不过在遮遮掩掩而已……我的猜疑心开始蠢蠢欲动。

"我是不是很胖啊？"

"没有，一点也不胖！"

怎么样呢？有没有觉得有些受伤？这会让人觉得他确实认为我很胖，但却为了不被发现而果断否定。

"我是不是很胖啊？"

如果在我说完之后过了很久，对方才回应说"不，一点也不……"的话，就会让人觉得他的无话可说中透漏着负面评价，这也是很伤人的。那么，究竟间隔多长时间再进行否定，才能够让人感到安慰呢？巴巴尔、助手小姑娘和我，三个人一起进行了研究讨论。

结果显示，我们三人一致认为大概间隔两秒钟左右最合适。三秒太长了，但一秒又显得太刻意。两秒果然还是最为妥当的。

前面就当是我开了个玩笑，但这样让我明白了，最重要可能并不是安慰对方时说了什么。而是表达的方式、表情、动作、语速、语调等，综合起来是否能令对方感受到"这个人确实是在真心安慰我"，这样就足够了。

在对方因自谦而妄自菲薄，或是出言否定自己时，对此我们该说些什么才是最合适的呢？这恐怕并没有固定的答案。如果我们能够将自己的感情，而非语言，真实

154

地传达给对方，对方就一定能感到安慰。

被筑紫哲也先生夸奖的采访

在我担任筑紫哲也[①]先生的新闻节目的助理时，我曾经前往长野县的伊那谷地区采访独居的高龄老人。有一位八十岁的老爷爷独自住在木造的大房子里。他的孩子们都已经成家立业，搬到山脚下的城里去了。自己的老伴过世后，老爷爷开始了独居生活，一个人照看房子和农田。虽然他勉强还有力气照料家门口的一片小小的田地，可他的岁数已经不小了，不知道哪一天就会因为疾病或是伤痛倒下。

为此，有一位护理师阿姨，偶尔会过来探望。

"大爷，这两天还好吗？我给你带了菜过来，记得要吃啊。"

除了这个阿姨以外，老爷爷每天几乎见不到任何人。我坐在老爷爷身边，把脚伸进被炉，开始了采访。"您不觉得孤单吗？您想让孩子、孙子们回来吗？"

[①] 筑紫哲也：朝日新闻记者、《朝日周刊》总编，1989年起出任TBS的新闻节目"NEWS23"的主持人。精通日美关系以及冲绳美军基地问题，著有《总理大臣的犯罪》。

"反正老太婆马上就要来接我了，我已经不在意那些了。"

问着问着，老爷爷笑着嘟囔了这么一声，我听了突然觉得很难过。

"可没有这回事。您可不要这样说。"

我不禁拍了拍老爷爷的膝盖，这么对他说道。

采访时的录像在节目当中播出之后，筑紫先生指着录像说道：

"会说这种话，确实是阿川你的风格。"

"这种话"？这是什么意思？我是在采访的时候说了什么不该说的吗？

"哎？"我反问道。

"这种反应一般人是做不出来的。"

看来筑紫先生应当是在夸我，可我却有些难以理解。因为从来没有人夸我采访做得不错，我实在不知道筑紫先生觉得我这次的采访哪里做得不错。曾因为反复说"怎么会"而被批评的我，却因为类似的一句"可没有这么回事"被夸奖。"怎么会"和"可没有这回事"，究竟有什么不同呢？

真要说的话，这和在对方自谦时间隔多久作出回应是一个道理。简单来说，就是我们究竟能否让对方感受到自己的诚意。只要能让对方感到自己的诚意，那么无论我们说了什么，选择了什么词汇，都没有太大的关系。这也是我最近意识到的一件事。

用得上的一句话

前几天，我和巴巴尔一起工作又有了新的发现。我和平时一样坐在镜子前，巴巴尔为我化妆、做发型。我对他说："感觉最近自己真的是老了，记性也是一天天地越来越差，眼睛也不好使了，耳朵也开始背了……我感觉采访的工作可能做不了太久了。"

巴巴尔没有看我的眼睛，手上继续利索地工作。

"您在说什么呢，我可是一点也听不懂。"

他用低沉的声音这样说道，紧接着便扭开了头。

多么自然啊。面上显得很冷淡，实际上又展现出了对我的体贴。你难道不觉得这句话能派上用场吗？下次，找个机会用一次好了。

凝视对方的眼睛

　　在同人交谈时，看着对方的眼睛才是礼貌的做法。不记得从何时起，我开始接受这种教育。因此，一直以来，尤其是在面对应当尊敬的人，或是必须要认真听讲时，我就养成了会凝视对方双眼的习惯。

　　在采访网球选手玛蒂娜·辛吉斯①时，我正用日语向她提问，她却突然笑了出来，我问她："怎么了吗？"

　　"你的眼睛一点也不像日本人。"

　　这是什么意思呢？是在说我的眼睛长得很像外国人吗？原来自己的眼睛又大又可爱呀，我正要暗自得意时，才发现对方并不是说我眼睛很大或是颜色与众不同，而

────────────

① 玛蒂娜·辛吉斯：瑞士网球运动员，曾于1997年、1999年和2000年三度成为WTA单打年终世界排名第一。

是在说我的眼睛在凝视别人时很有力度。

其实，当天我因为采访来到酒店房间时，辛吉斯的陪同人员——一位年长的男性问我："这次的采访需要多久？"我回答道："两个小时。"

"Two hours? Really? Two hours?（两个小时？真的吗？需要两个小时？）"

他在反问时脸上写满了不快，仿佛在说"这也太久了吧"。但是，采访需要两个小时，这一点我事先已经同中间人提过了。现在对我说"时间太久了"，我也不可能轻易让步。

于是我再次开口：

"Yes. Two hours.（是的，两个小时。）"

我满不在乎地说完后背过身去，坐在辛吉斯斜对面的座位上，迅速开始访谈。虽然我一直感觉到那位大叔就在我背后，可我却完全无视了他，坚持进行访谈。如果和他对视，恐怕他会要求我"差不多该给我结束了"，因此我将他的存在抛在了脑后，全身心地投入对辛吉斯女士的采访中。

采访外国嘉宾时，口译员首先要将我的问题翻译成英语（或者是嘉宾的母语），嘉宾用英语（等语言）作答后，口译员再将其翻译成日语。也就是说，相比于采访其他日本嘉宾，在采访外国人时，同一个问题需要花上两倍的时间。算上翻译的时间才需要两个小时，相当于平时采访的一个小时。因此，我没办法把采访压缩在两个小时以内。

感受着背后灼热的视线，我竭尽全力采访辛吉斯女士。也许我全力以赴的心情表现在了眼神之中。无论如何，辛吉斯是看到我的眼神才笑出来的，也算是歪打正着了。也多亏了这一点，虽然大叔始终是满脸不高兴，但辛吉斯女士本人，却没有抱怨采访时间太长，而是开开心心地回答了我的问题。

采访演员摩根·弗里曼 [①] 时，我也有一个关于视线的回忆。但那并非我的眼神，而是弗里曼先生的眼神。

和采访辛吉斯女士时一样，现场有一位口译员。我用日语提问后，口译员翻译成英语，身为嘉宾的弗里曼先生用英语作答，口译员再为我翻译成日语。在这个过程中，我注意到了一件很奇妙的事情。

弗里曼先生会一直靠在沙发靠背上，交叠着双腿，看起来很放松。可一旦我开始用日语提问，他会突然收回双腿，身子向前屈，凝视着我的眼睛，全神贯注地听我

---

① 摩根·弗里曼：美国演员、导演，曾多次提名并获得奥斯卡奖、金球奖。代表作有《黑狱风云》《肖申克的救赎》《遗愿清单》等。

提问。我不由得笑出了声。

"您明明不懂日语，可为什么要这么认真地听我提问呢？"

我笑着问道，弗里曼先生这样回答我：

"我当然不懂日语。但你在认认真真地提问，我如果不同样认真起来，总感觉不太礼貌。"

在那之后，摩根·弗里曼就成为了我最喜爱的演员。虽然此前我也认为他是一个很有型的大叔，但在听了他这句话之后，我对他的喜爱之情便增加了十倍。

多么出色的人啊。弗里曼先生当时的目光，并非仿佛要将我刺穿一般的锐利视线，而是满怀真诚又分外谦逊，令身为采访者的我能够放松下来，格外温暖。

回避对视是尊敬？

和日本人相比，欧美人对于"视线"的看法多少有些不同。这也是必然的，因为他们自小便被灌输"要看着对方的眼睛说话才叫礼貌，要看着对方的眼睛听对方发言才叫礼貌"的观念，已经养成了习惯。因此，在同欧美人交流时，我也总是提醒自己，要对视线多加留心。

也许是因为我出生于将这种欧美教育奉若圭臬的年

代，我从年轻时起，一见到有的日本人在说话时不看着对方的眼睛，就会非常生气。

"为什么那个人不看我的眼睛呢。这也太没礼貌了吧！"

"看着我的眼睛好好说话。看着我的眼睛！"

我也记得曾经这样教训过弟弟和后辈。然而某一天，我突然了解，原来世界上还存在着一种不看对方的眼睛也并不失礼的文化。

告诉我这一点的，是一位埃塞俄比亚人。这已经是近二十年前的事情了，当时我住在美国的华盛顿特区，一天，有位埃塞俄比亚的年轻人在街上向我搭话，我们聊了一阵子。他对我说：

"你是日本人吗？你们日本人和我们埃塞俄比亚人是很相似的。"

我问他："是吗，哪里相似呢？"

"比如说，都不会和别人对视，这是为了向对方表达尊敬。尤其是不会盯着尊敬的人看。像美国人这样总是盯着别人看，在我的国家是非常无耻的行为。日本人和我们有着相同的文化。"

他完全把我当成了志同道合之人，可我却十分困惑。因为我在来到美国之后，越发深信"看着对方的眼睛说话才叫礼貌"，每一天都在向着这个方向不断努力。

也是在那个时候，我了解到印第安人也有着相同的文化。

"我们有这样一个规矩，和年长的人谈话时，年幼的人会低下头，绝不会和对方对视。"

原来是这样。这样的话，日本人在说话时不和人对视，也是一种尊重的证明吗？说起来，古时候的家臣在主公面前，也都会一直保持低头的姿势。公主们也都会坐在帘子后面，不会直接露出面容。"头抬得太高了"① 也是用来叱骂无理之人的词汇。如此想来，这类直接同长辈对视是无礼行径的文化，在过去的日本也是存在过的。

了解到这些之后，我对于不跟我对视的日本人变得十分宽容了。他一定是在对我表达礼貌呢。

讨厌他人视线的人们

但是，逃避对视的理由未必一定是因为想要表达敬意。有些人会讨厌和他人对视。一旦对上视线就不得不说些什么，我不愿意，那就装作没看见吧。在电梯里、电车上，各种各样的情况下，都会有很多"这绝对不是

---

① "头抬得太高了"在这里指妄自尊大。

在表达敬意"、讨厌他人视线的人。

在访谈时，我也会遇见一些不愿和我对视的人。对方并不是不会面向我，但是他们会在说话时看向某一个方向，一句话说到"……是这样的""……是这么一个原因"的时候，他们会在换气时顺带看我一眼。聊天时有这种习惯的人并不少见。

他肯定很害羞吧。我虽然会这样告诉自己，可如果对方总是不理睬我，我也会开始觉得孤单。

还有一种人会让我觉得很难过。那就是在我说话时，会四处张望的人。他听我讲话时一定是不耐烦了。或者是，有什么东西比我讲的内容更令他感兴趣吧。我差不多也该回去了吧。因为对方的视线运动，我的心情反而会变得焦躁起来。

正因为我经历过这些令人感到难过、孤单的事情，所以在倾听他人讲述时，我会尽可能地不移开视线。但若是盯得太近，产生一些超越友谊的感情，也会令对方感到困扰，这时我便会调动起整张脸的肌肉，或是时不时地压低视线，让双眼获得适当的喘息空间。同时，我一定会提醒自己，绝对不会让自己的视线显得过于浮躁。

与对方的视线高度相一致

　　对于身高一百五十厘米的我来说，比我矮的交流对象虽然少见，但有时对方的视线会比我还要低。这时，我会配合对方视线的高度放低自己的视线。

　　在从事正式的工作之前，我曾经在某间私立小学的图书室打工。

　　"大姐姐，这本书讲的是什么故事呀？"

　　如果有二年级的学生跑过来，抬起头看着我，怯怯地提问，我就会当即坐在地上，配合小朋友的视线高度。为什么我会这么做呢？虽然我自己也不是很明白，可能是因为我觉得这样做能够更加贴近孩子的身体、声音以及感受，同时，这样做相比于居高临下的交流，也确实让我感觉自己和孩子们更加亲近了。

上大学的时候，曾经和社团里的人起了矛盾。具体因为什么我已经记不太清了，不过我曾经去找高我一届的学长抗议。在同好会的活动室里，那位学长坐在椅子上，我因为正在生他的气，虽然措辞很客气，可依旧表达出了自己的愤慨。争执了几句之后，那位学长冲我放话道：

"你这是什么态度。敢站着抱着胸冲我说话。"

这一刻，我固然是很愤怒的，可我也认识到自己确实有些趾高气扬。就算自己讲得很有道理，可面对长辈这样居高临下地抱着胸说话，实在是无礼至极。我立刻放下手臂，说："但我还是希望您不要再这样做了！"我用尽全身力气留下这句主张，离开了活动室。但学长的忠告我至今仍无法忘却。

用比对方更高的视线说话，在对方面前抱着胸。我有时会因为这两个举动而产生"哎呀，不行不行"的惊慌失措。人一旦放松下来，会不由自主地抱起胸来，用俯瞰的视线自以为是地发言。如果不经人提醒，很有可能会招来误解。

尤其是我身为一位采访者，就必须尽可能地让自己的视线不要高于对方。反过来说，如果用低过对方的视线来提问，会给对方一种"这个人真是谦逊，应该不会对我产生威胁"的印象，令对方放松下来，在回答问题时不会那么紧张。

刚刚也提到了，在从事正式的工作前，我曾经在私立小学的图书室打过工。在图书室隔壁，有一个叫作"低年级室"的小房间，里面放着给低年级小朋友们看的绘本或是童话书。进入那个房间之前需要先脱鞋，穿着袜子走进去，这样可以方便大家随时躺下、坐下，自由自在地看书。

有一天，放学后，一名六年级的学生没有脱鞋，直接跪着走进了这个专供低年级学生使用的房间，在里面看书。

"哎呀，这可不行，这个房间要脱了鞋才能进。"

我从门口探进脑袋，提醒他。男生跪着回到了我身边。跪着的他只有我一半高，可等他回到脱鞋处一站起来，就马上变得比我还要高了。我原本是低着头看他的，现在却不得不仰起头望着他。明明只有六年级，却差不多有一百六十厘米高了。我稍微有点慌。

"你站起来之后，还挺高的嘛。"

我不禁感叹。然后那个男生低头看看我，微微一笑，说：

"女生还是矮一点比较可爱……"

说完，他便转身离去了。只留下我一个人待在原地，真是个没大没小的臭小子。不过还真是让人心跳加速了一番。

　　讲了一个和主题没什么关系的故事。我想说的其实是，仰望时的认知和俯视时的认知，有如此大的不同。在向他人"请教问题"，或是"进行劝告"时，至少要将自己置于比对方更低的位置。这一点是十分重要的。

不要随便说"我懂了"

　　我在初中、高中时上的都是教会女校，每天早上都要做礼拜，每天都有一节圣经课。教授圣经这门课程的 N 老师，曾经在早上礼拜时说过这样一番话。

　　"人总是会说'我很理解你的心情'，但我们其实并不可能轻易了解他人的想法。因此不要随便对别人说'我懂，我懂'。同时，你们也不要相信会随便对他人说'我懂，我懂'的人。"

　　N 老师是个虔诚的基督徒，平时总是教导学生们"要爱你的邻居""别人打你的左脸，伸出右脸也让他打"，因此我听了这番话，很是惊讶。

　　没想到 N 老师是个这么冷漠的人啊。居然会怀疑起安慰他人烦恼时说的一句温暖的"我很理解你的心情"。

难道是老师遇到了什么让他再也不相信别人的伤心事了吗？是他的恋人背叛了他吗？

听了 N 老师的这番话，我当时并没有把它当作一句善意的忠告。但随着时间的流逝，这番话却慢慢地在我的心中产生了回响。

诚如老师所言，我们是不可能完全理解他人的感受的。因为他们并不是我们自己。虽然想去理解他人的美好愿望是必要的，但正如 N 先生所说的那样，在听到对方轻易说出"我懂，我懂"的时候，我们真的会感到高兴吗？难道不会想要反驳"你根本不可能懂"吗？

"最近腰总是很疼。"

"啊啊，我懂的，我懂的。我也被坐骨神经痛折磨了好久。"

这句"我懂的"还是很有说服力的，因为有自己的亲身经历作为印证。如果想要进一步加强说服力的话，可以说：

"你的腰疼和我可能不是同一种，最好是去医院拍个片子看一下。"

听了这句话，对方会把你当作同甘共苦的好伙伴，真诚而感激地接受你的建议。可如果对方说：

"刚结婚还不到一年，丈夫就死在了战场上。收到讣告时的那份打击，我到现在回想起来都心痛不已。"

面对这样一位未亡人，如果采访者阿川回答说："啊，我懂的，我懂的。你一定很难过吧。"对方一定会觉得很尴尬吧。你懂个什么呢？明明你阿川既没有结过婚，也没有经历过战争。

所以，最重要的也许是：不要企图与对方感同身受，而是要从自己的经历中提取类似的经历，重新体会当时的心境。然而，你的经历究竟和对方的经历有几分相似，这是谁都不知道的。

"我懂，我懂"，当然是出于善意的发言。但表达方式哪怕有一点差错，或是使用得过于随意，都可能会令人感到傲慢。

我虽然不明白 N 老师是以怎样的心情对十几岁的我们说出这番话的（这个是真的不懂）。不过，如今我进行采访工作时，时常会想起老师说的那番话。因此，我虽然确实会在对方发言时心中暗想"啊啊，我懂，我懂"，但我同时也会在这一瞬间提醒自己："你难道真的懂吗？"

井上厦^①先生的独白

很久之前，我曾经因为讲谈社^②的PR杂志^③《IN★POCKET》^④的采访工作见过井上厦先生。井上先生在几年前曾因为和前妻离婚而引发了社会热议。我心想："这个问题应该是不能提的。"这次的采访毕竟不是为了娱乐节目或是娱乐杂志做的，尤其我当时还没有胆量开门见山地去问一个初次见面的人关于离婚的话题（如今也是一样，阿川我自认为还是很谦逊的）。

那天本来的目的，是要就井上先生最新发行的文库本^⑤作品进行采访。我和责任编辑也商量了一下，一直认为"最好不要提到离婚的事"，之后才去拜访先生。

我还是第一次同井上厦先生见面，他性格温和安静，

---

① 井上厦：日本作家、剧作家，代表作有《和爸爸在一起》《吉里吉里人》《突然遇上飘篓岛》等。

② 讲谈社：全称"株式会社讲谈社"。1909年在日本东京创立，是音羽集团的成员。现为日本最大的综合性出版社及版权持有者。

③ PR杂志：PR杂志是企业或者组织团体为宣传自己的产品或者自己的主张、观念而发行的定期杂志。

④ 《IN★POCKET》：每月15日由讲谈社发行的文娱PR杂志、信息杂志。

⑤ 文库本：泛指一种平装、A6开本的小型书籍。

不仅对我，对熟识的编辑还有摄像师，都认认真真地打了招呼，谦和得令人惊讶。这么一位稳重、谦逊的人，为什么能够写出那么有趣的小说和剧本呢？于是，我赶紧上前询问井上先生对于幽默的看法。

"幽默，就是鼓舞他人。假设在某个极端情况下，大家都绷成了一张拉满的弓，这时，如果有谁突然讲了个笑话，那么大家就会瞬间从紧张的状态中得到解放。所谓的笑话，就是能够将僵硬的空气一下子打破的力量。"

原来如此，原来如此，我颔首赞同。

"在比如说和老婆吵架了，或是觉得老婆有了别的男人的时候，如果看了一本有趣的书，就会心想'哎，这也是没办法的事'，从而获得救赎。"

请容许我事先声明一句，我根本没有引导井上先生聊这方面的话题，可井上先生自己却开始聊了起来。那么，我该怎么办呢？不过难得先生本人主动提起，我也不能装作没听见。说不定先生也想让我主动开口问呢。不过，若是抓住对方的弱点，不管不顾地追根究底，恐怕还是会扫了对方的兴致。所以还是稍微问几句吧。我思来想去，最终还是犹豫着开了口：

"当时，那个……最让您受打击的是什么呢？"

我问出了口。先生听了我的话，毫不犹豫，干脆利落地开口了。

"最让我害怕的是，过去的二十二三年，会在一瞬间化为泡影，其间的人生完全消失了。我感到从刚结婚之后，到如今的孤单一人。那份恐惧，那份不安，实在是太可怕了。"

井上先生微微笑着认真地回答了我的问题。

哎，原来是这样啊……

身为采访者的我，心中刮起了狂风暴雨，一边为难"问这么多是不是不太好"，一边又想要再多问几个问题。

这时候，我脑海中浮现的是我青涩的失恋回忆。自己在被男朋友甩了的时候，最难过的是什么呢？害怕交往时的一切回忆全部都化为泡影，害怕自己必须把过去当作"从未存在过的事物"亲手埋葬，我有考虑过这些吗？不，我并没有。当然，刚刚被甩的时候我也非常难过。有一阵子，每当我经过和男友经常去的地方、经常逛的店铺附近，都会绕远路。同时，经常一起玩耍的朋友也不再见面。不过，我并没有把和男友一同拍过的照片撕掉、丢掉，男友送我的礼物，也因为觉得可以搁在一旁没有丢掉，过了一段时间之后又拿出来用了。有些首饰还有时钟，我直到现在都还在使用。

这是因为我和先生的性格不同吗？还是说，这是男人和女人的差异呢？不不不，可能跟关系持续的长短也有关系。井上先生的婚姻持续了二十二三年，其间一直和妻子一起生活，和我这种短暂交往所受的情伤可谓是天差地别。但是也不用就这样把二十二三年的人生完全抹掉吧。

我把自己的经历同先生的经历相比较，整理出每一件可以理解和无法理解的事情，同时，我还在倾听井上先生的讲述。

面对井上先生沉痛的独白，我这时并没有说什么"啊，我懂的，我懂的"。因为，我真的不明白。但我也没有说"我一点都不明白"来表示否定。因为，真的很有意思。虽然说有意思，显得有些没礼貌，但我惊讶于原来每个人的失恋故事都各有不同。

"这个世界上，原来还有人会像这样咀嚼失恋的痛苦啊。"

我还尝试在自己的痛苦回忆中寻找，有没有哪次的经历能够让我更加贴近这些品尝过痛苦的人们。最后，我也并没有能够理解井上先生真正的感受。

不过，井上先生应当是接纳了虽然无法理解，但还是努力想要理解自己的我。也许，井上先生自己也想要通过将这段痛苦的经历倾诉给某个人，来整理自己的心绪吧。访谈结束，井上先生回去后，我对杂志的主编说：

"真的没问题吗，我问了那件事情？"

主编听了，说道：

"没关系的。井上先生应当也是心里的伤痛终于恢复了，终于有心情想要向人倾诉了吧。"

听了这话，我才放下心来。

此外，在采访中，井上先生还说了一句话让我谨记于心：

"伴侣对服饰、音乐的喜好一旦突然发生了变化，一定要多加注意。最好多怀疑一下是受到了谁的影响。"

原来如此。我原本想把这句话当作是今后的参考，可到如今都还从未有过切身体验，不知是不幸也，万幸哉？

不要不懂装懂

　　阿川我对于各行各业都知之甚少，但却经常被请去做体育相关工作的负责人。

　　为什么我不擅长体育的工作呢？

　　小时候的我可是非常喜欢跑来跑去的。比起在家里安安静静地看书，我更喜欢跑到外面一直玩到天黑。所以，初中、高中时我都加入了乒乓球部，课间休息的时候和朋友们一起打篮球，冬天还会出远门去滑雪。到了大学还加入了硬式网球的同好会，对追着网球跑可谓是无比沉迷。我甚至还宣称"比起联欢会和比赛，我更爱练球"。当时的我，丝毫无法理解不爱运动的人是什么想法，也无法想象失去运动乐趣的人生还有什么意义。我甚至断言自己绝对不会和不爱运动的人结婚，我就是这么喜欢运动。可我对于观看体育赛事却毫无兴趣。

运动是用来实践的，不是用来观赏的。

这是我一贯的信条。

因此，我对于观看体育赛事完全不了解，甚至可以说是一无所知。

顺带一提，大概是在小学一二年级时，电视上转播了夜场的棒球比赛。父亲虽然并不是很狂热的棒球迷，但是碰巧那天亲戚也在我家，于是大家便一起观看比赛。电视里不时传来恰恰恰的鼓掌加油声、口哨声，偶尔还会突然传来兴奋的欢呼，这时围在电视旁的大人们也会"哇！哇！太好了！可真棒！"地大声吵嚷。幼小的我默默地在心中想："真讨厌。"然后，大概是有人打出了全垒打，父亲和堂兄们猛一下兴奋起来，我不禁小声念叨了一句：

"好吵……"

父亲对此做出了反应。

"什么？你说吵是什么意思！对着自己的父亲说很吵，你想干什么！"

那之后发生了什么，我记不清楚了。总之是父亲大声地吼我，我号啕大哭，那天晚上的聚会也被搅和了。

之后，每当我听见棒球转播那独特的"恰恰恰"的加油音乐、听见球场里的欢呼声，那天晚上的恐惧就会复苏。因此，我并不喜欢棒球转播。

不仅是棒球，一直以来我都无法理解各种职业比赛究竟有什么好看的。在大学加入了网球同好会之后，我变得非常喜欢网球，甚至连自己都觉得惊讶。我频繁地练习，努力追逐着网球，思考自己究竟怎样才能打得更好。可对于谁赢了温布尔登①，麦肯罗②又打出了怎样的精彩比赛，我都无所谓，有空闲去看比赛的话，还不如好好练习击球。

没想到，报应还是在我开始采访工作之后来临了。

紧急采访野村教练夫妇二人

在开始进行《周刊文春》的访谈专栏之后不久，野村克也③教练率领养乐多队赢得了日本冠军。那之后，时任主编的花田纪凯先生某天早上给我打来电话。

---

① 温布尔登：指温布尔登网球锦标赛，是一项历史悠久、极具声望的世界级网球公开赛，网球四大满贯之一。

② 麦肯罗：美国网球运动员，曾三次获得温布尔登网球锦标赛单打冠军。

③ 野村克也：在球员时代是南海鹰队、罗德猎户星队、西武狮队的球员，主要以担任捕手为主。退休后曾担任养乐多燕子队、阪神虎队的总教练，曾任东北乐天金鹰队的总教练。

"阿川，今天下午你有空吗？"

我心中思考这会是什么工作，嘴上回答："嗯，有空的。"

"突然拜托你实在不好意思，我约到了野村教练夫妇俩，想让你去做采访。"

"哎？"

别开玩笑了。哪怕是资深棒球迷，突然听到这种要求也会吓一大跳，更何况我这种什么都不懂的家伙。我顶多也就知道野村教练的长相，可是对于本赛季的赛况、教练的经历，甚至对于棒球本身，我都一无所知。

"这我做不到。我压根儿不懂棒球。"

花田主编用满是轻松的语气答道：

"不用担心啦。我找一个对棒球和野村教练很了解的编辑给你讲讲。你能早点来编辑部吗？"

这个时候，花田主编恐怕没有想过，阿川我究竟对网球是多么的无知。

我按照主编的要求来到了编辑部，在会议室里接受了短期集中培训。为我进行讲解的是一位名叫木俣①的资深编辑。木俣先生为我讲解了许多采访中可能出现的重点，

---

① 木俣：指木俣正刚，现为《周刊文春》董事。

例如野村教练还在南海鹰打球的时候，无论有多么活跃，都总是会被竞争对手长嶋茂雄[①]抢走风头，总是不甘心地活在对方的阴影之下，这也为他如今带领养乐多队赢得冠军打下了基础。

"哎，原来是这样啊。"

紧急培训之后，我突然产生了一个疑问，便开口问了木俣先生：

"说起来，养乐多队是属于中央联盟[②]呢，还是属于太平洋联盟呢？"

木俣先生的脸上瞬间变得毫无血色，过了一会儿，他才说道：

"剩下的时间，你就自己先自学一下吧。"

木俣先生说完，便走出了会议室。可我当时完全没有意识到木俣先生脸色发青。这还是当时一同在场的结构编辑柴口女士后来告诉我的，可我不过是觉得至少应当先了解一些棒球的基本常识，才提出了那个问题。

几个小时之后，我在某间酒店的房间里，见到了野

---

① 长嶋茂雄：日本千叶县佐仓市出身的职业棒球选手、教练。2001年就任巨人军终身名誉教练，并曾于2002年担任日本棒球队总教练。

② 中央联盟：日本的职业棒球两大联盟，分别为中央联盟及太平洋联盟。

村教练和夫人沙知代女士，战战兢兢地开始了访谈。当时大家都还没怎么听说过沙知代夫人。夫妻二人进入房间时的压迫感就已经非常不一般了。我当时就心想："啊，完蛋了，我还是回去吧。"可我也不能当场逃走。

"恭喜您获得日本第一。"

除了这一句开场白之外，我压根儿不记得自己问过什么问题。我只是全力支撑着，希望对方不要发现自己是个"棒球白痴"。问着问着，我发现眼前的夫妻二人之间的交流变得越来越有意思。

一本正经地想要回答问题的主要是身为丈夫的野村教练。教练说："哎呀，所谓棒球啊，说到底……"话刚一出口，夫人沙知代就会开始捣乱。

"这个人又开始说'所谓'了，他什么都说'所谓'的。'所谓人生''所谓男人''所谓棒球''所谓捕手'的。"

教练面对夫人的戏弄，只不过是闭上嘴巴静静地听她讲话，丝毫没有任何不快。

这对夫妇，还真有意思……

说到底，我并没有能耐对网球提什么高深的话题，我的注意力已经完全转移到夫妻二人的关系上去了。

本应令我感到畏惧的采访却……

"您二位的性格差别有这么大吗？"

"那当然啦。从外面回到家里的时候，这个人（沙知代夫人）把鞋子一脱，直接丢在那里就进屋了。我就跟在后面把鞋子整理好，然后自己再脱鞋进屋。"

虽然在抱怨夫人，可我却深切地体会到野村教练对性格豪爽的夫人那深深的依恋。关于夫妻关系的问题最终问了大约两个小时，最初面对教练夫妇我只是觉得害怕，可到了最后却觉得对方十分和蔼可亲。

"那，谢谢您了。"

教练夫妇和颜悦色地回去了。之后，一直默默地坐在旁边看着我采访的木俣先生小声嘟囔了一句：

"恐怕教练夫妇完全没注意到你对棒球一窍不通，就那么开开心心地回去了。"

虽说这可能是在客套，可我听了这话还是打从心底松了口气。不仅是因为没有对嘉宾们失礼而感到放松，更是为了能让担忧今天的采访、默默守候的木俣先生安下心来而放松。

无论有多么优秀的智囊跟在身边，如果我像体育记者一样提出专业的问题，一定马上就会暴露——"原来这个采访者，只做了一点点功课就来了"。可若是完全不问关于棒球的话题，恐怕也会让对方感到不满——"这个家伙来采访我这个职业棒球教练究竟是来问什么的？"我作为一个"棒球白痴"很难判断其中的情形，因为这是无法衡量的。采访能够顺利结束，只不过是因为教练夫妇二人很有意思。对野村教练夫妇二人的采访，从某种角度来说，是正中了我的下怀，是个极为少见的例子。

采访为巨人队①效力的松井秀喜②选手时，我也是一样的紧张不安。因为我真的不懂棒球。但松井选手看起来并不可怕，而且也比我年轻很多，所以我想总会有办法的。

就像之前那样，我简单问过比赛的具体经过和技术上的相关话题，便开始询问松井选手孩提时代、打高中棒球时的故事。然后，不知为什么就聊到了他曾经交往过的女朋友。

"对方是个什么样的人呢？"

---

① 巨人队：美国职业棒球联盟西区的一支棒球队。1883年建立，1958年改名为旧金山巨人队。曾获得八次世界大赛冠军以及二十三次国联冠军。
② 松井秀喜：日本石川县能美市人。2003年到美国职棒大联盟加盟纽约洋基，守备位置为左外野手，因为受膝伤困扰2009年球季担任指定打击。

"她的发小是星稜高中的竞争对手——金泽高中的王牌队员……"

"对方是击球手吗？"

这时，我发现周遭的气氛开始变了，我身边的采访团队成员也开始慌张起来。咦？我问了什么奇怪的问题吗？注意到身边变化的我开始四处张望。这时，松井选手回答道：

"……王牌指的是投手。（笑）"

"啊，哎呀，哈哈哈。是吗，原来王牌说的只是投手呀。"

我一直以为"王牌"就是对球队里的明星球员的统称。

"哪怕是很优秀的击球手，也不能被称作王牌吗？"

之前一直在想办法糊弄过去，所以提出了许多关于棒球的问题，没想到我却在这一瞬间，暴露了自己对棒球的了解极为浅薄。但是松井选手心地非常善良，面对我这样的采访者也没有动怒，只是苦笑着一直忍耐。

如今，每当看到在大联盟^①一展身手的松井选手，我总是会回想起"王牌"一词，它总是会刺痛我的心。

---

① 大联盟：指美国职业棒球大联盟，英文缩写为MLB。

第一次访谈的嘉宾

在若贵兄弟^①的全盛时期，我在采访贵乃花光司（如今已经是贵乃花师父）时，也干了一件蠢事。

在二子山部屋一家人当中，我首先见到的是母亲花田宪子（现名藤田纪子）。事实上（虽然我并未隐瞒）我在《周刊文春》的访谈专栏采访的第一位嘉宾，就是花田宪子女士。那是1993年的春天。那年的一月，贵乃花大关取消了婚约，似乎引起了好一阵骚乱。说是"似乎"，是因为自1992年到1993年的一年里，我住在美国华盛顿特区，并没有亲身经历这一次骚乱。我虽然也曾听说过这件事，可我并没有看电视或是体育报纸，没有什么好起劲的。最多也是觉得"噢，这样啊"。回国后不久，我就要去采访宪子女士了。

"您可真是辛苦呀。"

我就像是一个完全跟不上时代进步的老太婆在同情邻居家的太太似的。

"可不是嘛！"

虽然和我只是初次见面，宪子女士却主动开口讲述事情的经过。如今想来，恐怕是因为我对事情原委过于无

---

① 若贵兄弟：指相扑选手若乃花、贵乃花两兄弟。

知，对方反而能够安下心来。访谈结束之后，夫人对我说：

"下次有机会请来我们的道场玩呀。等看完了早间练习，我就请你好好吃一顿。"

就像约定的那样，访谈团队成员们一大早就跑到了二子山部屋，我也有生以来第一次看到相扑力士练习时的模样。之后，我来到二层，和贵乃花大关、若乃花大关（花田胜先生），还有其他力士们一起享用了一顿相扑火锅。

因为这一次的缘分，没过多久，我就有机会采访若乃花大关。我问到他紧随弟弟之后开始练习相扑的理由。聊到了入门后就必须同父母斩断亲子之情，只将他们作为师父、师母对待的痛苦；聊到了因为无法忍受师兄们的欺凌，和自己的弟弟一起与对方扭打；聊到了那一瞬间，他自己下决心用生命来保护弟弟，因为能够保护弟弟的只有自己。如今想来我还很是怀念，听到了这么多兄弟间的美好秘密，当时我还感动得泪流满面、号啕大哭。

又过了一阵子，贵乃花大关终于在采访中登场了。

当时，若贵兄弟在接触外界时，首先是由若乃花大关来观察对方，在判断对方"不会威胁到我们"之后，谨慎小心的贵乃花大关才会接近对方。

"阿川女士应该不是坏人。"

哥哥下了判断后，我才能够采访贵乃花大关。

不过一开始，贵乃花大关也极为沉默，让人感觉难以轻易打开他的心房。他虽然会认真回答我的问题，却有些木讷，绝不会积极主动地开口。采访快要结束时，我问道：

"您对这一季的比赛有什么期待呢？"

一直一本正经的贵乃花大关突然笑出了声。

"您在笑什么呢？"

我被他出乎意料的反应吓了一跳，于是反问他。贵乃花大关回答道：

"因为阿川女士您问了关于相扑的话题啊。"

"您在说些什么呀，贵乃花大关。我这两个小时难道不是一直在问相扑的问题吗？"

虽然我这样反驳了，可我也突然间意识到：贵乃花大关已经看出我对相扑一无所知了，他配合着我这位无知的采访者，毫无厌烦，反而是轻松自然地用简单易懂的方式回答了我的问题。

我原本想要逞强一把，结果却立刻就原形毕露了。虽然事先准备也非常重要，但在对方面前还是不要不懂装懂，坦然承认自己所知不多，在不失礼的范围内提一些简单的问题比较好。

在贵乃花大关笑出了声之后，我便下定决心以后再也不要不懂装懂了。

找出吸引你注意的词语

　　我在做人物的访谈时，一般多是询问对方过去的经历。在聊完最近的事情之后，我会问一些类似"您为什么想要从事这份工作呢？""您小学的时候是个什么样的孩子呢？""中学的时候呢？""高中时您加入了什么俱乐部？"这样的时间系列的问题。我会追溯过去，揭开对方过往的人生。这是一种十分正统的采访方式。但是，如果养成了这种习惯，就会认为只要这样按部就班地采访就好了，从而产生疏忽，反而可能不小心忘记问最重要的问题。

　　小时候的故事聊到了两个。初中、高中的故事聊到了两个。还剩下三十分钟，得加快速度了。不然没法把从开始工作，到受人压迫、穷困潦倒、一夜成名直到今天

189

的经历全部问一遍了。

"嗯嗯，啊，原来是这样啊。那您是在第二年出道的，没错吧？"

我们可能会产生这样的想法，比起对方讲述的有趣的故事，只要把对方的人生经历问过一遍就足够了。这种采访事后回顾起来，会发现虽然我们回顾了一遍对方的人生，却没有在采访中留下任何重点或是令人印象深刻的地方。

这正是典型的"受缚于采访的流程，却没有倾听访谈的内容"。

我在提问时，有时心里会突然想"啊，不行不行。我完全被流程带跑了"。遇到这种情况，我就会打起精神来，一边提出时间系列的问题，一边斟酌在对话中是否出现了有趣的话题。

例如说……

这是发生在采访电影导演是枝裕和[①]先生时发生的事情。

是枝导演起初梦想成为小说家，并考入了早稻田大学文学系。

---

① 是枝裕和：日本电影导演、编剧、制作人，代表作有《无人知晓》《如父如子》《海街日记》《小偷家族》等。

"因为喜欢上了电影，再加上实在不愿意每周上六个小时外语课，我很快就没再去上课了。"

之后，为了学习剧本创作，他开始在新藤兼人①担任校长的"YMCA 剧本课堂"学习。

"我在那里学了一年，可是总也适应不了，中途就放弃了。"

之后，他加入了"电视人联合会"，开始学习电视节目制作。

"我的工作是按照导演的指示，干一些诸如在助理女士端着的托盘上摆上'仁君人偶'②之类的工作，每天都非常辛苦，只想辞职。"

在按部就班的提问时，我发现了一件事情。

"您是只要一进入某个公司、组织工作就会感到厌倦的人吗？"

我这样问道。

"是啊。我也是最近才意识到这一点。"

身为采访者的我立马就意识到了呢。

---

① 新藤兼人：本名新藤兼登，日本导演、编剧，日本独立电影先驱之一。代表作有《爱妻物语》《裸之岛》《墨东绮谭》等，并著有剧本《忠犬八公物语》。
② 仁君人偶：指TBS电视台综艺节目《世界不可思议发现》中，以主持人草野仁为原型设计的人偶。

不过，发现是枝导演的这种习性之后，是很有意思的。我感觉自己就像在听一个关于无数次重复同样失败的人的童话一样，对话也开始有了张弛。我开始明白，顽固的是枝导演创作的无数佳片名作，其实都是他过往人生的集合。也开始理解，为什么是枝导演创造出的世界，能营造出独特的韵味。像这样看出对方对于人生的执着，也是理解对方的过程中非常重要的方法。

室伏选手"对链球的追求"

但是，这个方法有时也会让我漏问一些重要的问题。这也是我最近意识到的一点。前几天，我同链球选手室伏广治①见面了。这已经是我第二次采访室伏选手了。上一次还是十年前，室伏选手获得 2001 年世界锦标赛银牌之后的事情。到了 2011 年，他带着世锦赛的金牌衣锦还乡。我与他再会之前，重新回顾了一番之前的采访，不禁愕然。

2000 年的悉尼奥运会上，室伏选手第一投失败后便彻底崩溃，不仅没有如大家期望的那样夺得金牌，还只

---

① 室伏广治：日本链球运动员，曾获两届亚运会冠军，及2004年雅典奥运会金牌，是世界链球运动最出色的运动员之一。

获得了第九名。当时我们曾回顾这个结果。

阿川："当时您一定很消沉吧？"

室伏："我是为了夺冠而参赛的，赌上了一切之后却没有得到期待的结果，真的非常失望。但我还是认为自己要继续抛链球。因此，我转变了想法，今后如果想要继续抛链球的话，就要丢掉胜利至上主义的观念，单纯地去追求链球运动。"

阿川："追求链球运动？"

顺带一提，我本人对于这个提问的评价是"还不坏"。毕竟"追求链球运动"这种说法一般人是不会说的，因此我希望室伏选手能够再讲一些更具体的话题。

追求链球运动是什么意思？如果我说"追求写稿"，这又会是在追求什么呢？厨师说自己"追求做菜"的时候，他追求的究竟是厨艺、味道、厨具，还是厨房哲学呢？在链球运动中，要追求的究竟是什么呢……我认为这个朴素的问题，有着充分的值得细问的价值。

室伏："这是一项体育运动，那么我当然是想要追求胜利的。但这也并非是唯一的。"

阿川："啊，原来如此。"（这时候还比较理解）

室伏："追求链球运动，能够让我明白很多东西。在一个人默默练习的过程中，能够慢慢地开始明白抛链球的真谛，能够更加了解自己，能够发现让自己提高能力的事物。虽然有些难以说明，不过过程中我能让自己获得投掷距离以外的成长。"

那么，我对此做出了怎样的回应呢？

阿川："真是美妙啊。那么，您在奥运会之后是怎么重振信心的呢？"

这可不行。虽说肯定有时间限制的因素作祟，或是当时我听到这里就感觉已经足够了。但回过头来再重新看一遍，我却觉得少了点什么。如今的我细细读来，又产生了新的疑问。

阿川："在投掷距离之外，您认为自己还获得了哪些成长呢？"

一味地默默投掷那么沉重的球体，一次又一次地投掷，室伏选手究竟能从中感受到什么，发现什么呢？他所感受到的事物，又是如何使他获得提高的呢？他对这一问题的回答，也许隐藏着一流运动员之所以成为一流的奥秘。但我却没有问。因为我已经完全被下一个问题吸引了注意力。他究竟是如何从"第九名的打击"中振作起来，并在之后获得世锦赛银牌的呢？当时，我想要推动话题继续下去的心情恐怕更为迫切吧。

哎呀，最重要的问题却忘记问了。事到如今，我才明白过来。

这种事情经常能够遇到。即便在采访过程中没有意识到，在事后我也必然会清楚地认识到自己"被下一个问题带跑了"。也就是说，我并没有认真听对方说话。

采访者会有选择、取舍，不同的采访者所选择、所取舍的部分又不尽相同，根据这些排列组合，不同的对话才各有各的精彩。但是，我们也不能因此就放弃"绝不能不问"的关键点。而这些关键点又往往隐藏在微不足道的某句话中。随口加上的形容词、句尾插入的普通名词，或是一个很细微的词汇。这些不起眼的宝物是我们绝不能错过的。一旦注意力被其他问题转移，忽略了关键问题，哪怕我反应过来这个问题必须要问，往往也难以重新问出口。

重视对方的节奏

　　我的伯母今年一百零三岁，如今她已住进了位于广岛的养老院。不过她直到九十七岁才搬过去，之前一直都独自居住在广岛市的家中，已经当了三十多年的"风流寡妇"，每天都活得神采奕奕，说自己"一点也不觉得孤单"。但从九十岁过半后，她先在家中跌倒，后来膝盖也开始疼痛，身边的人都很担心。

　　伯母没有孩子，但她在我和弟弟小时候非常照顾我们，就像是照顾亲生孩子一样。我听说伯母跌倒受伤，被救护车送到了医院去后，立刻飞往广岛探望。

　　万幸的是，伯母的伤并不严重，意识也很清醒，但医生和亲戚们都认为伯母不能再继续独居了。可这又该怎么办呢？我们也不能让她这样一位身体康健的老人一直住院，也不能让她回到家中独自生活。虽然伯母特别疼爱我，可如果让我搬到广岛陪伯母一同生活也不太方便。有时我也在考虑要不要将伯母从广岛带到东京一起生活，可想法落实起来难度也很高。最重要的是，伯母打从出生起就在广岛生活，朋友们也都住在广岛，离开广岛之后，伯母可能会失去以往的活力。于是，我当即决定寻找广岛当地的养老院。四处打听之后，终于幸运地找到了一家位于宫岛的养老院。这里的风景非常好，能够眺望美丽的大海。

"我身上哪都不疼了，我想出院。"

伯母躺在病床上，这样说道。医生、住在广岛的亲戚和我围在一旁，展开了三方会谈。

"内脏都没有问题，伤势也都恢复了，已经不能让她继续住院了。"

"但是大夫呀，如果让她回家自己住呢？"

"我想应该会很危险的。"

"这样的话，还是让她住进养老院比较好吗？"

"其实，在宫岛有一家。"

"佐和子，那咱们就一起去一趟吧。阿姨是不是也觉得这样比较好，对吧？"

"我……"

"那里好像可以试住一晚，我们可以带上伯母去试住一下。"

"这样好，这样好。那还是得早点儿出发。大夫，阿姨可以住院住到什么时候呢？"

"那个，还能再住几天。"

"我啊，想回家啊。当时什么也没顾得上就被送来医院了，家里面肯定乱得很……"

"大夫，您能不能让伯母在这里住到下周，其间有一天我们会去养老院试住一晚。"

"啊，我想应该没问题，只要办了手续就可以。"

"我想回家啊……"

"这可不行。大夫都说了，您已经不能再自己一个人住下去了。那大夫，我们同养老院联系过后，再跟您商量。"

亲戚哲子、我还有医生都认为事不宜迟，十分焦急。语速很快，语气也比较生硬。我们叽叽喳喳地飞速进行工作会谈，突然听到伯母高声反驳道：

"你们倒是听我说话啊！"

我们猛一回头，发现伯母生气了。

九十七岁老人的反驳

我很惊讶。但伯母说得很有道理。她虽然年纪大了，可是精神和体力都很充沛，虽然说起话来比以前慢了一些，但也没有糊涂到没法和人交流的地步。

"啊，对不起。"

我开始反省自己，也是第一次对老人们的生活节奏进行思考。看到他们行动迟缓，回答问题也很慢，我们会下意识认为他们"已经老糊涂了"。当我们着急、繁忙的时候，也没有耐心等老人们慢慢说话，于是会开始催促，或是替他们说话。

"想要什么？"

"啊……"

"酱油吗？酱油不要吃太多，医生不是也说过了吗？酱油里面盐分太重，选择盐少的对身体才好。"

"但是，明天……"

"什么，明天？明天的事情明天再说，您不用操那么多心。"我们在听老年人慢慢说话的时候，会没有耐心听到最后，总是会抢先开口。可没耐心等待是我们自己的问题。

我们不听他们说话，老人们的内心会很受伤。

不仅是老年人，每个人说话都有自己的节奏。

我是个急性子，在采访说话比较慢的人时，有时会在对方开口回答之前先行预测，替对方做出回答。

本应做出回答的嘉宾却没有开口，气氛暂时沉默了，怎么办？该放弃这个问题，直接问下一个问题吗？还是再等一会儿吧。

我总是很纠结。纠结到最后，我可能会换一种问法来问同样的问题。这种方法虽然有时管用，但最好也不要用得太频繁。

换一种问法，或是催促对方回答，这些举动可能会让人觉得你这位采访者很亲切，可从结果上来看，实际上是将想要回答的人给逼走了。

这时候，比的就是谁更能忍耐。每当沉默不断持续时，我总会这样想。电视或是广播节目中的沉默可能会被算作是广播事故，因此不能持续太久，但在其他形式的访谈中，我会尽可能等待。

年轻时我做不到这一点，我会害怕对方误以为我忘记了提问。

我当时认为，如果对方没有干脆地回答问题，那么立即提出下一个问题才是有能力的体现。不过，现在我认为，在我安静地等待时，我的精神和大脑正在以对方的节奏运转，而并非是故意保持沉默。如今，在对方仔细思考时，我不会打乱他们的节奏，而是静静地等待他们开口。最终，我经常会听到许多意想不到的宝贵故事。

切忌话太多？

　　我曾经搞砸了对城山三郎先生的采访，采访者在采访时说得太多并不合适。身为被采访者，内心一定十分不悦，会认为"我难道要一直听这个人念叨下去吗？"一旦被采访者心情变坏，失去了对采访者的信任，那么哪怕之后采访者提出再多的问题，被采访者也不会有心情回答。

　　但这也并不意味着采访者就是一个专门附和对方的机器人。有时，在采访中讲起自己的故事，也是一个有效的采访方法。

　　"您会因为什么事情觉得自己上了岁数呢？"

　　"上了岁数？我吗？"

　　看来嘉宾没有理解采访者的问题。

"我之前发现自己嘴唇上长了一条皱纹，真的特别受打击。这样一来，不就会越来越像长谷川町子 [1] 画的'坏心眼的老太婆'了吗？"

嘉宾听完，便"哦"地感叹，好像是想起了什么。

"听你这么一说我发现，自己会因为长了一根白眉毛而感到吃惊。可在发现鼻毛和腋毛变白的时候，并没有什么感觉。"

在采访小说家的时候，他说了这样一句话：

"我小时候不太爱看书，写作文的时候总是很痛苦。"

听后我不由得笑了起来：

"是吗？我也是！我小时候写作文写得可烂了。小学二年级的时候老师让我们写关于郊游的作文，我到现在都忘不了。郊游的话总是从出门之前就很激动了，所以我在作文中也是从郊游的前一天开始写。写我去零食店买吃的，家长只给我五十日元，于是我买了焦糖味骰子奶糖和巧克力，然后犹豫了很久还要买什么。回到家之后我把零食装进书包里，放在枕头旁。我因为太兴奋了，一直睡不着觉。到了早上，我听见妈妈在厨房为我做便当，于是我换好衣服跑下了楼，帮妈妈一起做饭。这时

---

① 长谷川町子：日本第一位职业女性漫画家，日本唯一一位获得国民荣誉赏殊荣的漫画家。

住在附近的小朋友来找我了，于是我把便当也放进背包，和小朋友一起出门了。到了学校，已经有很多同学在礼台前排好了队，互相聊着自己都买了什么零食。在我写完'之后我们一起去了高尾山'之后，作文纸已经写满了，我就停了笔。之后老师用红笔点评说：'还是从到了高尾山开始写比较好。'我意识到，自己真的没有写作文的才能。"

嘉宾听了我的故事，说道：

"啊，对。我也总是写不出好作文。"

如果这时嘉宾能够想起另一个趣闻轶事，我这"又臭又长的故事"就算是起到作用了。我的话经常能够成为激活嘉宾思路的引子。

可有时也并非能够如此顺利。在我兴奋地讲述回忆时，嘉宾原本和蔼可亲的笑容，有时会出现些许阴霾。当我发现"糟了"的时候，就必须要赶紧闭嘴。可有时候，即便意识到不能再继续了，也会因为觉得话说到一半就停下来太奇怪而继续说下去。因此我把采访搞砸过好几次。

咦，是吗？读者们可能会想，看杂志上的访谈文章，并没有觉得阿川说了那么多话呀？那是因为我那"又臭又长的故事"基本上都被铁血冷面的结构编辑柴口女士全部删掉了。

阿川式"访谈准则"

在刚开始《周刊文春》的采访连载时，我对此曾经表达过自己的要求。证据就在文库本《阿川佐和子的趣味对话集》卷末附录的座谈会（出席者为和田诚、阿部真理子、柴口育子、阿川佐和子）的记录之中。

柴口："你刚开始的时候确实很紧张。在刊登到杂志上之前，我们不是会事先录好很多采访吗？"

阿川："对。当时连着采访了花田宪子、横纲曙关，还有当时《朝日新闻》的社长中江利忠先生。"

柴口："采访完三个人之后，你还说什么：'和初次见面的人连个共同话题都没有，怎么做访谈？'"

阿川："我不记得了（笑）。"

柴口："我就去找花田主编，说：'能不能把书的标题从"访谈"改成"阿川佐和子访谈"。'然后花田主编就说：'内容可以做成访谈形式，但是标题还是用访谈二字。'"

阿川："我真的完全没有印象。"

柴口："你还说：'我就是个傻子，你在整理的时候也不用改动，不用把我形容得多么出色。'"

阿川："啊，这个我记得，我说过你不用美化我。"

柴口："你还说：'你可以把我说过的话删掉，让嘉宾展示得多一些。'"

　　阿川可真是谦逊呀。不过这确实是我从一开始就有的想法。难得请来了这位嘉宾，采访者的发言反而多于嘉宾的话，就不知道请嘉宾来的意义在哪里了。如果发言足够有力度，也许可以编辑成有趣的读物，可我这种人说的话只能当个催化剂，没有什么特别的内涵。所以，我确实记得当初自己让柴口女士删掉我说的话。可我没想到，她会把我的发言全都删得一干二净。

　　甚至有时连嘉宾都会惊讶。"哎呀，阿川女士说得还真多呐。我经常会看你的访谈专栏，你说的话实在太少了，我还以为你是一个很安静的人呢。"

如何面对偶像

迄今为止的所有采访中，有一次的采访让我至今仍后悔不已，深感自己说得太多了。准确地说，是"唱"得太多了。

那一次采访对象是我自孩提时代起的偶像，朱莉·安德鲁斯[1]。

我懂事之后听的第一张唱片，就是百老汇原创版的《窈窕淑女》[2]。父亲很喜欢音乐剧，买回了唱片，几乎每天都会用放置于小冰箱上的留声机播放这张唱碟。

---

[1] 朱莉·安德鲁斯：英国女演员、歌手、舞蹈家及戏剧导演，同时也是多部畅销儿童读物的作者，联合国妇女开发基金会的亲善大使。代表作有电影《欢乐满人间》《音乐之声》《公主日记》，音乐剧《窈窕淑女》等。

[2] 《窈窕淑女》：改编自萧伯纳剧作《卖花女》的音乐剧，讲述下层阶级的卖花女被中产阶级语言学教授改造成优雅贵妇的故事。

　　我虽然不懂英语，但是幼小的我还是通过歌曲的氛围，猜出了歌中应有的情节。听着优美的男声、女声演唱出舒缓的乐曲，我会猜测也许他们是恋人。听到许多人齐声合唱，我会猜测，这是故事迎来了圆满的大结局。

　　当我知道女主角的声音是朱莉·安德鲁斯的，已经是很久之后的事了。我第一次对她的长相、歌声和演技有印象，是因为中学时观看的电影《音乐之声》①。

　　她的歌喉那么美妙，英语的发音是那么的纯正。虽然她称不上是绝世美人，但她既幽默又帅气的个性也充满魅力。我也是在这时，心中萌生出想要成为音乐剧演员的梦想。我买回唱片后，反复听了无数次，记下了歌词，高声演唱，学习发音。我能够记住 confidence（自信）和 timid（胆怯的）这些单词，也是因为《音乐之声》。

　　如果聊起音乐剧，会花去太长的篇幅，所以在这里我只得暂且搁置。

　　我将要同我的偶像——朱莉·安德鲁斯见面了。

　　起因是她将到日本为自己参演的电影《公主日记》进行宣传。虽然她几年前因为喉部疾病不再演音乐剧，却以演员的身份继续活跃。

————————
①　《音乐之声》：由罗伯特·怀斯执导，朱丽·安德鲁斯、克里斯托弗·普卢默等主演的音乐片，于1965年3月29日在英国上映。

我从没有像当时那样，庆幸自己一直从事于采访这项我并不擅长的工作。

到了采访当天。

"How do you do.（幸会！）"

就像《窈窕淑女》中的伊莉莎初次在社交圈亮相时那样，我用尽可能优雅的发音，向自己的偶像打了个招呼。落座后，我首先向朱莉表示，自己一直以来都是她的忠实粉丝。当然，一旁有口译员为我们进行翻译。比起用我那蹩脚的英语来交流，我还是选择使用日语。可我在那时突然想到，歌唱也许是最直接、最快捷，也是最能传达我的心意的方法。

"今天能够同您见面，真是倍感荣幸。我听过您演唱的这首歌。'Chim chiminey, chim chiminey, chim chim cher-ee[①]！'"

听到我的演唱，朱莉女士"哇哦"地露出了惊讶的神情，微微一笑。我继续道：

"这首我也会唱。'Supercalifragilisticexpialidocious！[②]'"

---

① 出自《欢乐满人间》的插曲《烟囱之歌》。

② 出自《欢乐满人间》的插曲Supercalifragilisticexpialidocious，意为"极好的，奇妙的，难以置信的"。

"Excllent（太棒了）！"

朱莉女士惊讶得瞪大了眼睛。我高兴得不得了，这样一来，我必须得唱两首《音乐之声》的歌给她听听。

"The Hills Are Alive①……""雪绒花，雪绒花②……"

"Wonderful（非常完美）！"

朱莉女士夸奖我了。但是声音比刚才好像小了一些。对了，电影版虽然是奥黛丽·赫本演的，但电影改编自朱莉女士主演的《窈窕淑女》音乐剧。这可是能够载入百老汇史册的伟大作品，我得告诉她我还知道这部作品。

"I could have danced all night. I could have danced all night.③"

朱莉女士依然微笑着，可她的笑容却十分安静。我回过头来观察四周，坐在她身后的工作人员们也都是一脸的冷淡。

"那么，差不多该开始访谈了……"

我振作起精神，开始访谈，我最为喜爱的朱莉·安德

① The Hills Are Alive：出自《音乐之声》的插曲《音乐之声》。

② 雪绒花，雪绒花：出自《音乐之声》的插曲《雪绒花》。

③ I could have danced all night.：出自《窈窕淑女》的剧中曲《我可以整晚跳舞》。

鲁斯女士面对我的问题，至始至终都能够认真作答，采访几乎可以说是成功的。可我怎么也没想到，这件事情能在我身边流传那么久。

阿川惊呆了

"什么？她居然在朱莉·安德鲁斯面前唱歌了？太难以置信了吧！"

"她脸皮可真是厚啊！"

"朱莉女士当然会觉得不高兴啊。"

那么多人都这样指责我，我自己也开始认为恐怕事情真的是这样。可我也不能因此写封信去道歉，看样子也没有机会再见一面。这可怎么办呢……但在当时的我看来，想要告诉对方自己有多么喜爱她，想要表达自己的热情，唱歌是最好的方法了。

真的令她感到不快了吗……

实际上，即便我的演唱影响了她的心情，也有件事情能够证明在最后道别时，她绝对没有感到不快。这还是多亏了一直以来负责我的访谈集、随笔集装帧设计工作的和田诚先生。

在同朱莉·安德鲁斯女士见面之前，我碰巧遇见了和田先生。我告诉他："我要去采访一直很崇拜的朱莉·安德鲁斯了。"

和田先生对我说："这样的话，我有样东西想请她看一看，你能帮我带过去吗？"

和田先生交给我的是一册绘本。那是和田先生二十多岁时，在银座现已歇业的进口书店"JENA"购买的。

虽然是进口书，可这册绘本却没有文字，仅仅通过图画来讲述故事。

第一页上，画着一位卖花女模样的狗狗正在歌剧院前卖花。一旁经过的绅士淑女们纷纷对它侧目，却没有人想要买花。这时，公演结束了，一位女高音歌唱家从后台走了出来。

"哎呀，多么可怜的卖花女。我来买下你的花吧。不，这样还不足够。请来我家吧，来我家工作吧。"

虽然没有文字，不过应当是这样的故事。就这样，卖花的狗狗进入女高音歌唱家的豪宅，开始作为女仆工作。

狗狗女仆穿着白色的围裙，在女高音歌手练歌时，或是打扫，或是端菜，工作利落，干劲十足。这样的生活持续了一段日子。有一天，女高音歌手却突然病倒了。

"哎呀，这可怎么办。这样她可没办法参加下一次的歌剧演出了。"

"有没有人能够代她上台呢？有没有歌手能够把她所有的歌都记下来呢？"

大家找来找去，最后发现能够立刻唱出所有歌曲的，只有成为女仆的狗狗。于是，狗狗立即登上了舞台。演出大获成功。狗狗一夜成名，转眼间就成了知名歌手。

然而，因病倒下的女高音歌手却再也没有接到任何工作，生活日渐潦倒。

一天晚上，女高音歌手的狗狗，身着美丽的礼服，走出歌剧院的后台。

"啊，我的主人！您在这里是在做什么呢？"

曾经身为主人的女高音歌手，正抱着一篮花，四处叫卖。

"您千万不要这样做。我能够过得如此幸福，全都是多亏了您。我一定要报答您。"

虽然书中没有写出这些对话，但我想应该就是这样。狗狗把自己的所有财产都还给了女高音歌手，自己则再次身无分文地回到了街头。

绘本的最后一页，画着身着救世军制服的狗狗站在街头歌唱的身影。

"啊，真是没想到。为什么这本书在日本也有？连美国都没有多少人知道这本书了。"

采访结束后，我将和田先生交给我的绘本递给朱莉女士，她的惊讶远远超出我的预料，她非常高兴地叫来了经纪人。

为什么朱莉·安德鲁斯女士看到这部绘本会如此兴奋呢？

这是因为，绘本的后衬页上印着安德鲁斯女士年轻时抱着一只小狗的照片。

和田先生买回这本书的时候，并不知道照片中的金发少女就是朱莉·安德鲁斯，因为当时日本还没有放映过她的电影。和田先生只不过是觉得这女孩十分可爱，很中意这张相片，才将绘本买下。我将这些告诉了朱莉女士。

"其实啊……"

她满面欣喜地向我讲述了自己和绘本之间的缘分。

朱莉女士出生于英国，是一位舞台剧演员，同时也是一位歌手。她在十八岁的时候前往美国，在百老汇音乐剧《男朋友》中出道，并以此为契机获得了《窈窕淑女》中的伊莉莎一角。在《窈窕淑女》的彩排中，发生了这样一件事。纽约的某间公寓内，每当朱莉开始练歌，邻居家的狗狗就会开始汪汪地叫唤。

"每当我开始练歌的时候，它就会跟着唱。我觉得很有意思，就对一位画绘本的朋友提到了这件事。然后，朋友就创作出了这部绘本。他把《窈窕淑女》的故事和狗狗的故事结合起来了。"

为绘本提供了灵感的朱莉·安德鲁斯也因此被印在封底的衬页上。

所以，朱莉女士在离开时心情是很好的。"请代我向和田诚先生问好。"她留下了这样一句话才离开。多亏了和田先生，我才没有把最最崇拜的人的心情弄得太糟糕。

你的爱好是在原唱者面前唱歌啊

顺便提一句，在和田诚先生个展的开幕式之后，我们一起去了酒吧。那一天，和田先生的老朋友们难得聚在一起，中山千夏①女士也来了。我还是第一次同中山见面。看到她后我突然回忆起了自己的高中时代。当时中山千夏的《你的心里》这首歌非常火，我也很喜欢这首歌。从学校回家的夜路上，电器店的广播放出这首歌，我总是会大声地一起唱。

那天的酒吧里还有卡拉OK，我们好几个人一起轮流唱歌，最后终于轮到了我，大家劝我随便唱一首。"不

————————

① 中山千夏：日本作家、歌手、女演员、参议院议员。

不不，哪里好意思唱。""哎呀，是吗？""唱点什么好呢？""看来只能唱那首了。"我将点歌单上记录的歌曲编号输进点歌机，手持话筒站了起来。

"你的，心里……"

我一曲唱罢，心情舒畅，回到座位上，看见钢琴家岛健先生正笑眯眯地冲我招手。

我还以为他想夸我"唱得好"，靠近之后，只听他说：

"阿川女士，你的爱好是在原唱者面前唱歌啊。"

岛健先生应当是从别人那里听说了我在朱莉·安德鲁斯面前唱歌的事情。

是吗，原来这是我的爱好啊，我还是第一次意识到。但就我自己而言，我只不过是想要告诉原唱者本人，我究竟是有多么喜欢她的歌曲。不过看起来，我以后最好控制住这种冲动。尤其是我还想要继续当采访者的话。但是，在原唱者面前，怎么可能不想唱歌给他们听呢？

配合对方选择着装

　　采访时的主角是嘉宾这一点毋庸置疑。为了能让嘉宾、其他在场的人，以及身为采访者的自己都能清楚地认识到这一点，采访者在采访时应当尽量选择较为朴素的服装，不能穿得比嘉宾更显眼。尤其是在刚开始连载时，我对此是坚信不疑的。

　　因此，我总是选择同一色系的着装，比如黑、白、深蓝、灰等颜色。在设计上，我也会偏爱基础款的套装或是外套。

　　然而，我在周刊杂志上的连载频率是每周一期。但有时因为采访嘉宾的时间安排不稳定，或者被其他原因耽误采访，我就会每周采访两人，甚至有时一天采访两位嘉宾。可能因为我性格比较懒散，又或许因为我对时尚

217

不太敏感。渐渐地，出门采访时我开始对花心思搭配服装不耐烦起来。有时我会想：我怎么有那么多同色系的衣服呢。

"我上回好像也穿了这件外套。算了，就这样吧，反正我也不过是个配角，大家不会在意的。"

就这样，我每次出门采访时，都认定自己打扮得"越朴素越好"。

有一次，我去美轮明宏 ① 先生的家中进行采访。我从玄关踏入房内，房中的装修十分豪华，就像是法国贵族的城堡一样。大理石地板、猫爪形状的沙发脚、流光四溢的大吊灯……

再说美轮先生本人，也是美丽得令人赞叹不已。他身着鲜艳的长裙，肩上搭着披肩，指尖优雅地活动着。美轮先生用幽默的语调为我讲述了很多回忆：对女装的喜爱，对世人露骨无情的批判，和三岛由纪夫 ② 美好的回忆。有时还会开一些玩笑，比如：当人们受到美轮先生的帮助后，会有多少人要被流放到荒岛，被斩首，被拉到大街

---

① 美轮明宏：日本歌手、演员，常以一身女装示人。年轻时因歌喉美妙、外表俊俏而出名，并因此同包括三岛由纪夫、吉行淳之介、大江健三郎、远藤周作在内的文人结为朋友。

② 三岛由纪夫：原名平冈公威，出生于日本东京。日本当代小说家、剧作家、记者、电影制作人和电影演员。

上游行示众啊。

采访即将结束时，我想起美轮先生曾在书中提及的一段话："如果想要成为'性感的女人'，就要养成良好的习惯，有意识地让自己看起来更加美丽。对细节要多加留意，多加关注。"我针对这一段话提出了一个问题："究竟具体需要做些什么，才能成为性感的女人呢？"

美轮先生从头到脚、从上到下仔仔细细地打量了我一番，然后说道："那个呀，你需要更加……"

"您不用顾虑，请直说吧！"

"好，那我说了，你可要听好。你这身打扮，就像是个自暴自弃的女体育老师似的。好好收拾一下吧。"

那天，我穿着黑裤子、白 T 恤，又套了一件灰色还是黑色的外套。采访中途我觉得很热，便把外套脱掉了。脱了外套之后，我这身打扮确实既无趣，又很冷淡。

十年来，我一直以"采访时不起眼的穿着"为宗旨，听了美轮先生的这番话终于幡然醒悟。"只要不起眼就好，衣服随便穿穿就得了"的这种态度对于嘉宾而言也是很失礼的，这是美轮先生教会我的道理。

道理虽然明白了，可我也没法立刻就变得很会打扮。在很长的一段时间里，我的穿着还是以同色系的服装为主。但不知从什么时候起，我不再穿白 T 恤搭黑色、灰色外套了，我开始会穿一些有颜色的衣服。

最近，我在挑选采访用的衣服时，会先在脑内回想当天的采访对象的长相，然后再选择和嘉宾的气质相符合的衣服。

例如说，在采访企业的社长或政治家时，我会选择比较正式的西装或外套，在采访音乐家或设计行业的嘉宾时，我会选择比较流行的，平易近人的服装。采访年轻女演员或身材比较好的艺人时，即便我有心和他们争个高下也不过是徒增伤心事而已，我反而会选择比较成熟的打扮。遇到"好男人"时，则会手忙脚乱地挑来选去，直到出门之前都会犹豫不决。好不容易决定了该穿什么，可等到出门之后才发现，衬衣的胸前还沾着食物的污渍，不禁觉得颜面尽失，这种事也是常有的。

三宅先生会喜欢吗？

我和政治评论家三宅久之先生一同担任《TV Tackle》的固定成员，每当我在演播室遇见他时，三宅先生肯定会说：

"您好您好，您今天也更加……"

一定会说这句固定台词。不仅对我说，他对每一个人，尤其是对女性，从来都是不吝言辞的。

这句话真正的含义，恐怕是"这样说了，大家都会往好的方向理解"。这样一种独特的三宅式的处世之道。

但是，"更加……"之后究竟想要表达的是什么意思，大家并不了解。听者可能会以为是"更加漂亮了""更加年轻了"，误以为对方是在夸奖自己。而三宅先生也不用因为在当事人面前说一些肉麻的、具体的形容词感到有负担。真不愧是三宅先生！

然而就是这位很会夸人的三宅先生，有时却只对我说："您好您好，您今天也……"这一般代表着三宅先生对我当天的穿着抱有疑问。

"啊，您不喜欢我今天的打扮吗？"

我怯怯地问道。

"不，也不是不喜欢，就是觉得，有点像是出门买东西的时候穿的便服。对我这种老头子来说还是不太习惯。"

录制电视节目时，一般都是由造型师来替我准备服装。我和造型师已经相识很多年了，对方对于我的喜好、体型基本上都很了解。在录制《TV Tackle》这种新闻性比较强的综艺节目时，造型师总是会为我准备一些偏基础款的服装。但光是穿基础款也会令人觉得无趣，因此有时对方还会为我准备一些时下正流行的服装，或是给我带来些在年轻人之中很流行的服装，让我尝试一下。

"哎呀，真好看。虽然有些夸张，不过偶尔穿一下这种风格也不错。"

我带着冒险的心情尝试新风格时，三宅先生的反应不出我所料："你穿的什么东西啊？"

如今在录制《TV Tackle》时，我和造型师的对话已经变成了这种风格：

"三宅先生应该不会喜欢这件。"

"三宅先生应该会喜欢这件。"

当然，我并不会因此忽略自己的喜好。不过，在选择服装时，"场合"是需要考虑的重要因素。今天要和谁见面，要在谁面前发言，作为一名采访者，我必须要考虑到这些问题。然而说到底，这只不过是我美好的愿望，并不一定会付诸实施，还请诸位读者不要产生"是吗？那我以后就好好观察一下阿川的穿着打扮吧"的想法。

用餐要在访谈后

在做访谈或是采访时，我会尽量告诉相关人员"请不要安排用餐"。如果访谈的目的就是吃饭的话，自然是另当别论。但一般情况下，用餐时工作上的谈话是无法顺利进行的。

诚然，平时和人吃饭的时候，自然是边聊天边用餐吃起来是最香的。但那也是因为和性格相投的朋友聊轻松愉快的话题而放声大笑，才能因为美味佳肴而喜悦感动。但是，一旦吃饭时的主题变为对话，便会令人味同嚼蜡，索然无味，毫无品尝佳肴的兴致。

在吃饭时，我希望能够将注意力集中在食之一事上。如果一定要和采访对象一同用餐，我也希望能够先将正事谈完，再好好地吃上一顿饭。

　　即便我这样拜托对方，有时也难以如我所愿。我曾因《周刊文春》的工作而采访了岸田今日子 ① 女士，当时就发生了类似的情况。"因为访谈夹在舞台剧排练和之后的一项工作之间，所以只能在午餐时间采访。"这真的太辛苦了，我明白了，那就边用午餐边采访吧。

　　我做好决定后，便赶赴会面地点。采访地点是酒店内日本茶餐厅的包间。对方已经点好了套餐，我刚同岸田女士道过"您好，请多关照"，菜肴便从开胃菜开始一道道被端上了桌。

　　"这出戏讲的是什么故事呢？"

　　在提问的时候，我作为采访者肯定是不能吃饭的。嘴里一边咀嚼，一边问对方问题，是很没有礼貌的。

　　"这出戏啊……"

　　在嘉宾讲话时，我也不好用饭。我只好一直握着筷子，说：

　　"哦，原来是这样啊。"

　　接下来，又轮到我来提问了，依旧没办法吃饭。接着，岸田女士回答我的问题。

———————————

① 　岸田今日子：电影演员、配音演员、童话作家，代表作有《秋刀鱼之味》《砂之女》《破戒》等。

"我跟吉行和子①、富士真奈美②二人，不知道从什么时候起关系变得很好，明明我们三个人性格都完全不同。"

因为感觉对方可能会聊出有趣的故事，我不敢掉以轻心，于是又错过了张口吃饭的时机。服务员在一旁报菜名：

"蓝马鲛鱼西京烧③。"

"高野豆腐④炖芋头。"

菜一道接一道地上了桌，我手边还没动过的菜碟、小碗已经排成了行。餐桌眼见就要被菜碟堆满，我嘴上提着问题，却总是被菜肴吸引注意力。我瞅准问题的间隙，总算是想办法往嘴里塞了一筷子菜，却也只能吃那么一口罢了。

然而。令我惊讶的是，坐在我面前的岸田女士，仿佛是不知道该如何放下筷子一般，吃个不停。但令人难以理解的是，对我的每一个问题她都能够认真回答，吃饭

---

① 吉行和子：日本女演员，1935年8月9日出生于日本。1957年在舞台剧《安妮的日记》中扮演女主角安妮·法兰克。

② 富士真奈美：日本女演员，代表作有《剧场版上班族NEO》《三心两性》等。

③ 蓝马鲛鱼西京烧：西京烧，以日本味噌为主要调味料的日式烧烤方式。

④ 高野豆腐：将冻豆腐低温发酵后干燥制成的食品。

并没有对她的发言产生任何影响。她手边的菜碟一个接一个地变得一干二净，和我手边的菜碟形成了鲜明对比。岸田女士连着最后端上桌的水果，将每一道菜都吃得干干净净。

"我吃好了。真是美味啊。"

她用她那独特的性感而优雅的嗓音完成了访谈，之后便静静地回去了。

为什么她吃饭时的身姿能够那样优美呢。岸田女士在吃饭时就像是呼吸一样自然、高雅，丝毫不会打扰到他人的心情，我不禁佩服得五体投地。

过了一阵，我同P子①讲了这件事情。P子对我说：

"是啊，你难道不知道吗？岸田女士的吃相很好看，这可是大家都公认的呢。"

据说，以前曾有一位演员在新宿纪伊国屋剧场附近的拉面店遇见岸田女士在独自吃面。

"岸田女士吃饭时的模样实在是太优雅了，那之后她就因为'能够像吃法国料理一样优雅地吃拉面的女演员'而出了名。"

啊，真希望自己能成为这样的人。一边回答问题，一

---

① P子：指服饰评论家杉浦克昭。

边活动手中的筷子、刀叉，即便嘴里吃着饭，也不会让
人感觉厌恶，真想成为这样的采访者啊。可我应该是做
不到的吧。如果我面前摆满了美味佳肴，我一定会把采
访对象给抛到脑后，专心致志地埋头吃饭的。在忙完棘
手的工作之后再吃顿好的，这才是最好不过的事。

后记——在远藤周作^①先生身上学到的

虽然并非是《周刊文春》的连载栏目，但我曾在其他杂志上采访过远藤周作先生。

远藤先生是家父的朋友，自我小时候起就时常来我家中。他为人亲切热情，不仅经常同家父来往，对我们几个孩子也是十分挂念。每次先生来，家中总是充满欢声笑语。因而很失礼的是，我长期以来并未把远藤先生当作一位小说家，而是把他当作"笑星"来看待的。

在我的学生时代的一次晨礼中，老师提到了远藤先生。因为我的母校是一所教会学校，所以很多老师都是基督教徒。有一位虔诚的女老师，在讲台上提到了远藤

---

① 远藤周作：日本最重要小说家之一，日本信仰文学的先驱。代表作有《海与毒药》《沉默》《深河》等。

周作的《沉默》，并滔滔不绝地描述着这是一部多么伟大的作品，远藤周作这位作家又是一位多么严肃而虔诚的信徒，是一位多么杰出的人。

我听了老师的话，心中觉得有些奇异。我所知的远藤先生，和老师讲述的远藤先生，两者之间的落差过大，让我的大脑乱作一团，不知该如何整理思绪。

"哦，小佐和子，好久没见了，又变漂亮了呀。"

远藤先生到我家来时，总会跟我客套两句。

"是吗。"父亲总是会否定。

"当然了啊，变漂亮了好多呢。就像'樱隔三日'呀。"

父亲听了这话，不禁大喜：

"你这小子，亏你是个小说家，却连日本话都不会说么！'樱隔三日'指的是盛开的樱花完全凋零了，是不好的意思。你可是把它用错地方了，远藤。"

我是通过远藤先生，才学会这个词的。而远藤先生即便对日语知道得没有那么多，被父亲骂得狗血淋头，也丝毫不会介意地讲些有趣的故事，逗得大家心情愉悦。这样的小说家远藤先生，我非常喜欢。

如今，我却要去采访自小便对我十分亲切的远藤先生，总觉得心情有些复杂，可远藤先生看上去却比我还要不好意思。对着朋友的女儿，究竟能够说些什么呢？

今天可没法叫她"小佐和子"了，可若是叫她"阿川女士"的话……远藤先生心中犹疑着，还是率先开了口，给我讲了许多有趣的事情。他把彼此都十分了解的我的父亲当作话题，时不时也向身为采访者的我提出几个问题，充分展现出了他天生的好奇，聊得越发起劲。我就像是在面对一位开朗的心理咨询师一般，咯咯咯地笑着笑着，忘了自己正为什么而烦恼。在这种舒畅心情中，访谈也即将结束，这时，远藤先生开口道：

"今天的采访差不多就到这里吧。我今天虽然一个人说了很多，但从我这些有些狂躁又有些轻佻的发言中，也许有的读者能够看出深刻的内涵或是象征，但也有些读者是无法看出的。"

至今我仍将远藤先生这番总结当作人生指南，牢牢记在心中。

说起来，我还从远藤先生身上学到了一件事。

其实，在开始做《周刊文春》采访专栏的好几年之前，我曾在远藤先生担任采访者的某杂志的采访专栏担任助理。当时我不需要承担主要的提问工作，只不过是在远藤先生和嘉宾谈话时，时不时"嗯嗯"地点一点头，偶尔插一两句话而已。

有一天，在采访结束后，远藤先生少见地发了一通脾气。总是在逗人开心的远藤先生居然发火了！究竟是怎么了呢？我静静地待在一旁，免得被先生的怒火牵连。

"这家伙也太过分了吧！一点具体的内容都不说。这也太没劲儿了！"

确实，无论问那位嘉宾什么问题，他都只是回答：

"是啊。这件事情也对我有所帮助。"

"嗯，无论去哪个国家旅游，都很有意思。"

远藤先生似乎对此极为不满。我也是在这时学到了。

原来，在倾听别人说话时，对话是否具体是很重要的一点。我差点就忘了，最开始告诉我在采访时"一定要问出具体的故事"的人，正是远藤先生。要是我能在先生去世之前，正式向他道谢就好了……远藤先生在天堂一定惊诧得目瞪口呆吧。我这个什么忙也帮不上的访谈助理，居然出了一本书教人怎么做采访，先生恐怕会苦笑世风之日下吧。

感人至深的故事，催人泪下的伤感故事，带给人勇气的故事，复杂而有趣的故事，努力和忍耐的故事，令人不认同的故事，令人感到可耻的故事……

每个人都各有各的故事。无论他们是沉默还是多言，是笨嘴拙舌或是出口成章，他们不经意间的一句话，便可能会打动倾听者的心。但这并非一定是"有意义的故事"不可。发声的方式，细微的反应、表情、举止、踌躇、羞涩、热情……哪怕是没头没尾的无聊故事，在其中也能够看出对方的性格，只要能令人感同身受，能令人感受到些细微小事的魅力，对于我们便已经足够。对于发言者而言，如果能够通过语言上的表达，使得自己的心绪再度得到整理，得到一些新的发现，就已经足够充满意义了。

如果倾听者在这一过程中是不可或缺的存在，我便将成为这样的倾听者作为我毕生的目标。